_____ 에게

_____ 드림

위기를 비웃어라
; 어린왕자와 위기극복의 상상력

2014년 04월 01일 **1판 1쇄 인쇄**
2014년 04월 10일 **1판 1쇄 펴냄**

지은이 진형준
그린이 김지숙
펴낸이 구모니카

마케팅 신진섭
디자인 김해연
제작 양만익

펴낸곳 M&K
등록 제7-292호 2005년 1월 13일
주소 서울시 마포구 서교동 393-5 1002호
전화 02-323-4610
팩스 02-323-4601
E-mail nikaoh@hanmail.net
ISBN 978-89-92947-58-9 13320

※ 정가는 뒤표지에 있습니다. 잘못된 책은 바꾸어 드립니다.
※ 이 도서의 국립중앙도서관 출판시도서목록(CIP)은 e-CIP홈페이지 http://www.nl.go.kr/ecip와
   국가자료공동목록시스템 http://www.nl.go.kr/kolisnet에서 이용하실 수 있습니다.
   CIP제어번호: CIP2014009214

어른아이의
상상력 혁명

위기를 비웃어라

어린왕자와 위기극복의 상상력

진형준 지음

M&K

자신의 별로 돌아간 생텍쥐페리
Antoine de Saint-Exupéry *008

Prologue

"아이들을 위한 동화가 아닙니다.
아이의 마음을 잃은 어른들을 위한 책이지요." *015

Chapter 1.

난 참 바보처럼 살았군요.
세상에서 가장 기이한 위기극복 스토리

"양 한 마리 그려줄래요?"
사느냐, 죽느냐의 절체절명의 순간, 어린왕자의 황당무계한 요구! *022

세상에서 가장 기이한 위기 극복 스토리! *026

어른들과 비슷해지게 된 나,
화가를 포기하고 비행기 조종사가 되다 *028

'보이지 않는 것을 보려는 노력 하지마라,
꿈이나 이상 따위는 아무 쓸 모 없으니 버려라.' *033

꿈꾸는 자아를 찾아서!
삶의 비밀을 깨치려고 애쓰는 자아를 찾아서! *042

어린왕자는 나의 또 다른 자아이자 분신,
바로 '꿈꾸는 나'의 화신 *046

홀로 죽음이라는 거대한 실존과 마주한 절대고독의 상황 *050

죽음 앞에서 펼쳐지는 삶에 관한 근본적이고 절박한 질문들 *053

내겐 너무도 낯선 나의 반쪽, 나의 분신, 어린왕자의 출현 *057

절망의 문 앞에서 마주친 삶의 비밀에 대한 깨우침 *060

Chapter 2.
어른들은 정말 이상해~
내 안의 또 다른 나 발견하기

여섯 개의 별에서 만난 이상한 어른들,
그러나 친숙한 사람들 *066

우리의 자화상, 진지한 고민 없이 이름표에 연연하는 삶 *069

권위, 명예, 돈, 지식은 대체 무엇인가? 왜 필요한가?
질문이 없는 맹목적인 삶! 간판에만 매달리는 삶!
꿈이 없는 그런 삶! *073

어른이 되어버린 나를 깨뜨리기,
삶의 진짜 스승에게로 가는 길 *076

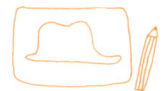

Chapter 3.
중요한 것은 눈에 보이지 않는 법이란다.
관계와 만남 창조하기, 서로를 길들이기

지구에 막 도착한 애송이, 철부지 어린왕자 *084

장미정원에서 마주한 사실, 한 없이 보잘 것 없는 나라는 존재 *088

단 한 송이의 장미로도 충분히 빛나는 삶 *092

관계 창조하기, 서로를 길들이기, 창조적인 만남 갖기 *095

육신의 눈이 아닌 마음의 눈으로,
열린 마음으로 타인과 교류하기 *099

열린 마음이란 무엇인가, 교수일 것인가, 스승일 것인가 *103

서로에게 단 하나뿐인 존재가 되기,
이 세상 전체를 행복으로 물들이기 *110

중요한 것은 눈에 보이지 않는 법!
나는 내가 길들인 존재에게 책임이 있다! *115

Chapter 4.
위기를 비웃어라!.
어린왕자와 위기극복의 상상력

깨달음으로 가는 첫 관문,
'어른처럼 말하는' 스스로가 부끄러워지다 *120

가장 소중하게 여겼던 것들이 하찮게 여겨지는 순간이 오다.
"나는 내 망치와 죽음과 갈증을 한껏 비웃었다." *124

대체 내가 왜 그렇게 고통스러워했단 말인가!
보이지 않는 꿈을 통해 삶 전체가
아름다워진다는 깨달음을 얻다! *127

위기 극복의 상상력 하나,
내가 길들인 사람들을 향한 책임감 *131

위기 극복의 상상력 둘,
절망하는 자신을 비웃을 수 있는 힘, 긍정의 힘 *136

당신 안에 살고 있을 어린왕자를 만나라! *140

Epilogue.

**"마음으로 세상을 보면 이전에는
보이지 않던 것을 볼 수 있게 된다."** *144

자신의 별로 돌아간 생텍쥐페리
Antoine de Saint-Exupéry 1900~1944

   1944년 7월 31일 오전 8시 25분, 생텍쥐페리는 P38 라이트닝 쌍발기를 조종하며 코르시카의 비행장을 이륙한다. 연합군이 8월 15일 상륙목표로 삼은 프랑스 남부 해안의 독일군 동향을 정찰하는 것이 그의 임무였다. 그는 홀로였고, 비무장이었다.

   오전 8시 30분, 그가 조종하는 비행기의 모습이 레이더에서 멀어졌다. 그리고 그것이 그의 마지막 모습이었다. 그의 비행기가 남불 프로방스 해안에서 얼마 떨어지지 않은 곳에서 격추된 것이다. 하지만 그의 비행기의 잔해는 전혀 발견할 수 없었다. 그는 공식적으로는 〈실종〉으로 처리되었다. 그는 마치 〈어린왕자〉가 아무 흔적도 남기지 않고 자신의 별로 돌아갔듯이 아무 흔적도 남기지 않고 사라졌다.

생텍쥐페리는 1900년 프랑스 남부의 리용 Lyon에서 태어났다. 그가 젊었던 시절 1차 세계대전이 끝났지만 유럽은 아직 전운이 감돌고 있었다. 1921년 그는 공군에 소집된다. 처음에는 정비부대 소속이었지만 개인교습을 받은 후 조종사가 된다. 그리고 1922년 6월 제대한다.

1926년부터 그는 항공사에 취업하여 항공 우편비행기를 조종한다. 1929년에는 아에로 포스탈 아르헨티나 영업부장이 되었고 1931년 콘수엘로 Consuelo를 만나 결혼한다. 이 기간 그의 주업은 비행기 조종사였지만 작가로서도 명성을 떨친다. 1931년 『야간비행』이 출간되었고 페미나상을 수상한다. 1939년에는 『인간의 대지』

가 출간되었고 아카데미 프랑세즈 소설 대상을 수상하는 등 작가로서 최전성기를 맞이한다.

1939년 제 2차 세계 대전이 발발하자 예비역 공군 장교이던 생텍쥐페리는 공군 대위로 군에 복귀한다. 하지만 나이가 든 데다 예전 비행에서 당한 부상으로 좌반신의 움직임이 자유롭지 못하다는 이유로 전투기 조종 불가 판정을 받는다. 그러나 생텍쥐페리는 비행을 하고 싶었다. 그는 공군 장관과 장성들에게 청을 넣어 재입대에 성공한다. 그는 1939년 말부터 1940년 7월까지 2/33전투 비행 중대 소속으로 고공 정찰, 촬영 임무를 수행한다.

1940년 제대 후 생텍쥐페리는 미국으로 건너간다. 프랑스의 승리를 위해서는 미국의 참전이 절대적으로 필요하다는 생각에 작가로서의 영향력으로 미국을 설득하기 위해서였다. 처음에는 한 달 내에 귀국할 생각이었지만 여러 가지 사정으로 미국에 머문다. 그리고 미

국 체류기간 중에 아주 큰 결실을 얻는다. 『어린왕자』가 1943년 4월 미국에서 영어와 불어로 출간된 것.

『어린왕자』 출간 직후인 1943년 5월 4일 생텍쥐페리는 지난 날 동지들이 있는 2/33 비행중대에 합류하기 위해 알제에 도착한다. 그는 우여곡절 끝에 7월 21일 튀니지에 주둔하고 있던 자신의 옛 비행중대에 복귀한다. 하지만 라이트닝 비행기를 몰기에는 이미 나이가 너무 든 상태였다. 조종사 연령제한이 30세 전후였으니 이미 40을 훌쩍 넘긴 그를 조종사로 받아들일 리 없었다. 결국 관측과 기관총 보조사수 역할에 국한한다는 조건으로만 비행기에 오를 수 있을 뿐이었다.

하지만 그는 비행기를 직접 몰고 싶었다. 결국 1944년 4월 단 5회의 정찰 비행에 국한한다는 조건으로 비행중대에 다시 복귀한다.

그리고 1944년 7월 31일. 지중해의 한 여름을 맑고 뜨거웠다. 그 날 아침, P38 라이트닝 쌍발기에 몸을 실고 생텍쥐페리는 이륙한다. 아니 비상한다. 오후 1시 30분 귀환 예정. 하지만 그는 돌아오지 않았다. 그리고 그의 비행기의 잔해는 전혀 발견할 수 없었다.

1998년 마르세유 동남쪽 바다에서 넙치 잡이 어부들이 쳐놓은 그물에 작가의 이름이 새겨진 팔찌 하나가 그물에 걸려 올라왔다. 2008년 3월에는 2차 세계대전 당시 독일 공군 조종사였던 호르스트 리페르트가 자신이 생텍쥐페리가 타고 있던 비행기를 격추시킨 장본인이라고 한 언론사와의 인터뷰에서 밝혔다. 그는 이렇게 말했다. "내가 바로 생텍쥐페리의 비행기를 격추시킨 사람이다. 나중에야 바다에 떨어진 그 비행기에 그가 타고 있었음을 알았다. 나는 제발 그가 아니길 바랐다. 우리 시대의 젊은이들이 그러했듯이 나도 그의 책에 빠져 있었기 때문이다."

밝혀진 다른 사실이 있다. 그날 정오가 조금 지난 시각, 독일 전투기들의 관측과 공격에 완전히 노출될 수

밖에 없는 맑은 날씨에 그의 비행기는 니스 서쪽 상공에서 저공비행을 하고 있었다. 그러다가 바다 쪽으로 선회하여 해안선 저 너머로 사라졌다. 안전 고도인 6천 미터보다 낮게 그리고 예정된 항로를 벗어나 비행하고 있었다. 그는 왜 적의 시야에 완전히 노출된 채 저공비행을 하고 있었던 것일까? 그는 왜 예정된 항로를 벗어나 비행을 하고 있었던 것일까? 그는 스스로 어린왕자가 되어 자신의 별로 돌아가려 하던 것이 아닐까? 어린왕자처럼 아무 흔적도 없이 사라지려한 것이 아닐까? 그리하여 작가 자신과 어린왕자가 **한 몸**이 되려 한 것이 아닐까?

> Prologue.
> 아이들을 위한 동화가 아닙니다.
> 아이의 마음을 잃은 어른들을 위한
> 책이지요.

 내가 대학에서 어린왕자를 강의해온 지가 20년이 넘었다. 20년이 넘었으니 매너리즘에 빠질 만도 하지만 어린왕자 강의 시간은 예나 지금이나 늘 새롭다. 어린왕자 강의를 위해 강의실로 들어설 때면 언제나 마음이 상쾌하다. 이유는 간단하다. 어린왕자가 그만큼 좋은 작품이기 때문이다.

 좋은 작품이란 어떤 것을 말하는가? 작품에 들어 있는 내용을 파악하고 나서 더 이상 새로울 게 없다면 좋은 작품이 아니다. 그렇다고 매번 새로운 의미를 파악하느라 골머리를 앓게만 한다면 그 또한 대단히 좋은 작품이라고 할 수는 없다. 좋은 작품이란 더 없이 친숙하게 여겨지면서도 늘 그 의미가 새롭게 우리에게 다가오는 작품이다. 전에 읽었을 때나 지금 읽으나 그렇게 크게 다른 것 같지 않으면서도 언제나 새로운 의미가 솟아나오는 작품이다. 바로 『어린왕자』가 그런 작품이다. 나는 강의실에 들어가 강의를 할 때마다 그런 새로움을 학생들과 나눈다.

1943년에 세상에 나온 『어린왕자』는 전 세계에서 1억 부 이상의 출간 기록을 가지고 있다. 기독교 성서 다음으로 많이 팔리고 읽힌 책이다. 아니다. 판매기간까지 감안한다면 성서 이상의 베스트, 스테디셀러이다. 그만큼 누구에게나 쉽게 읽힌다. 그래서 누구나 아주 쉬운 책이라고 생각한다. 사실이다. 『어린왕자』는 아주 쉽게 읽히는 책이다. 그리고 그 가독성이 『어린왕자』를 세계적 베스트셀러로 만든 것도 사실이다.

하지만 어디 쉽게 읽히는 책이 어린왕자 뿐일까? 어린왕자가 세계적 베스트셀러가 된 것은 그 책이 읽기 쉬우면서도 그 무언가 깊은 뜻을 많은 사람에게 전해주기 때문이다. 그 무언가 많은 울림을 사람들에게 주기 때문이다.

20년 넘게 강의를 해왔으니 이제는 『어린왕자』를 순전히 내 식으로 읽는 훈련을 어지간히 해온 셈이다. 그리고 어린 왕자를 그렇게 내 식으로 읽다보니 조금은 아쉬움과 욕심도 생긴 셈이다. 『어린왕자』에 대한 애정에서 생긴 아쉬움과 욕심.

사람들은 일반적으로 '어린왕자'를 순수성의 화신으로 본다. 순수하기 그지없는 어린왕자라는 존재를 통해 이 세상을 향해 그 무언가 비판의 메시지를 던지는 책으로 읽는 데 아주 익숙해 있다. 그래서 『어린왕자』를 어린왕자-어른의 대립 구도로 읽는 데 익숙해 있다. 그리고 이 책을 읽는 사람들은 금방 순수한 어린왕자가 된다. 그리고 어린왕자와 함께 순수하지 못한 어른세계, 타락한 세상을 비판한다. 그렇게 읽어도 나쁠 것은 없다. <u>**한 번 어린왕자의 순수한 눈을 가져보는 것**</u>만으로도 우리의 정신은 어느 정도 순화될 수 있다.

하지만 너무 간단한 독법이다. 우리가 어떻게 그렇게 쉽게 어린왕자가 될 수 있겠는가? 어른들만 사는 세상에서 이미 어른이 되어버린 우리가 어떻게 그렇게 쉽게 어린왕자가 될 수 있겠는가? 그래서 아쉬움이 생긴다.

<u>**『어린왕자』는 어린왕자 입장에서 어른들의 세계를 바라본 이야기가 아니다.**</u>

또한 어린왕자 또래의 아이들을 위한 동화도 아니다.

『어린왕자』는 자기 속의 어린왕자를 잃어버린 어른들을 위한 책이다. 우리들 속의 어린왕자를 일깨우는 책이다. 우리들 속의 어린왕자를 일깨워, 지금의 우리를 다시 돌아보게 만드는 책이다. 우리의 삶 전체를 다

위기를 비웃어라: 어린왕자와 위기극복의 상상력
Prologue

시 되돌아보게 하는 책이다. 우리가 다시 새롭게 깨어나는 길을 우리에게 인도하는 책이다. 그 길의 끝에서 지금 우리가 살고 있는 이곳을 향한 긍정의 힘과, 지금 우리가 함께 살고 있는 사람들을 향한 사랑을 발견할 수 있게 해주는 책이다. 그런 의미에서 『어린왕자』는 깨침의 비법을 간직한 일종의 비급이면서 동시에 우리를 위안해주는 위안의 책이기도 하다. 나는 내가 강의를 할 때마다 느끼는 그 비급의 깊이 있는 의미를 좀 널리 전하고 싶은 생각이 들었다. 이 책이 전하는 위안의 메시지가 더 널리 울리게 하고 싶은 생각이 들었다. 이 책은 그 욕심의 산물이다.

무릇 비급이란 것은 그 의미가 감추어져 있다. 그 비급을 손에 넣은 자가 구체적으로 연마하지 않는 이상 그 의미가 드러나지 않는다. 이 책이 『어린왕자』라는 비급을 연마해서 내공이 깊어지길 원하는 사람에게 하나의 길잡이가 될 수 있다면 더 바랄 것이 없겠다.

chapter

1

난 참 바보처럼
살았군요.

세상에서 가장 기이한
위기극복 스토리

> "양 한 마리 그려줄래요?"
> 사느냐, 죽느냐의 절체절명의 순간,
> 어린왕자의 황당무계한 요구!

비행기 조종사인 화자는 비행기 고장으로 사하라 사막에 불시착한다. 승객도 없고 기관사도 없이 홀로 비행기를 수리해야만 하는 어려운 처지에 놓이게 된 것이다. 식량이라야 겨우 일주일 치 물밖에 없는 상황이니, 사느냐, 죽느냐의 절체절명의 순간을 맞이한 셈이다.

그런 상황에서 가장 절실하게 필요한 것은 무엇일까? 아마 어떻게 해서라도 살아가야 한다는 삶의 의지일 것이다. 그리고 비행기를 수리할 수 있는 아주 현실적인

위기를 비웃어라: 어린왕자와 위기극복의 상상력
난 참 바보처럼 살았군요.

능력. 그런 절박한 위기상황에서, 어떻게 해서라도 살아 돌아가겠다는 강렬한 의지와 그 의지를 실현할 수 있는 비행기 수리 기술 외에 더 무엇이 필요하겠는가!

그런데, 바로 그 때, 그 누군가가 화자 앞에 나타난다. 사람들이 살고 있는 곳에서 수천 마일 떨어져 있는 곳에서 조난을 당하고 있는 판인데! 어찌 보면 반가울 수도 있다. 내 절박한 문제를 함께 풀어줄 원군이 나타난 셈으로 칠 수도 있다.

그런데 이게 수상하기 짝이 없다. 순진하기 그지없이 생긴 어린아이인데다가 사막 한 가운데 조난을 당한 모습과는 너무 거리가 멀다. 어디 그 뿐인가? 내가 처한 절박한 상황에 도움이 되기는커녕 방해가 될 뿐이다. 내가 처한 절박한 상황은 안중에도 없다는 듯 한가하기 그지없는 요구를 한다. 한가하다 못해 황당하다.

"양 한 마리 그려줄래요?"

열심히 시험공부에 몰두해 있는 판에 함께 놀아달라고 떼쓰는 어린 동생의 형국이다. 하지만 그런 동생은 '저리 가!'라는 호통 한 방으로 날려 보낼 수 있다. 그런데 나는 주머니에서 종이와 연필을 꺼내 그림을 그려주고 있는 것이 아닌가. 도무지 설명이 안 된다. 작가도 겨우 "너무 신비스러운 일을 당하게 되면 감히 거역을 할 수 없는 법이다"라고 설명할 뿐이다.

그렇다. 그 위기의 순간 내게 나타난 〈어린왕자〉는 그렇게 신비스러운 존재이다. 그렇게 비현실적인 존재이다. 그렇기에 나는 순순히 어린왕자의 요구를 들어준다. 상식적으로는 정말 어처구니없는 그 요구를 순순히 따를 리가 만무하다. 생각해보라. 목숨이 걸려 있는 중차대한 일을 하고 있는 판에 한가하게 그림 따위 그리고 있을 여유가 있겠는가? 그렇지만 〈어린왕자〉는 현실적인 존재가 아니다. 그는 우리가 현실 속에서 만난 황당한 존재가 아니다. 그의 요구는 우리가 현실에서

위기를 비웃어라: 어린왕자와 위기극복의 상상력
난 참 바보처럼 살았군요.

만난 황당한 일이 아니다. 그는 신비스러운 존재이다. 사막에서 어린왕자를 만난 것은 바로 신비의 체험, 바로 그것이다.

세상에서 가장 기이한
위기 극복 스토리!

 그런데 이상한 일이 벌어진다. 그 황당하고 한가하기 그지없는 어린왕자의 요구가, 내가 지금 목숨 걸고 몰입해 있는 일보다 더 근본적이고 중요한 일이라는 것을 서서히 깨닫게 되는 것이다. 그뿐만이 아니다. 바로 그 깨달음에 의해 '나'는 그 절체절명의 위기에서 벗어날 수 있는 힘을 얻게 된다. 작품 속의 화자가 그 절체절명의 위기에서 벗어날 수 있었던 것은 삶을 향한 맹목적 의지 덕분도 아니고 비행기 수리기술 덕분도 아니

위기를 비웃어라: 어린왕자와 위기극복의 상상력
난 참 바보처럼 살았군요.

다. 어린왕자의 출현을 통해 새롭게 깨달음을 얻은 덕분이다. 가장 비현실적인 존재가 현실적으로 가장 절박한 문제를 해결해준 셈이다. 『어린왕자』 작품 전체는 바로 그 이상한 일, 어린왕자의 출현이라는 신비체험에 의해 내가 뒤집히고 새로 태어나는 이야기이다. 그래서 그 위기에서 벗어나게 되는 이야기이다.

어떻게 그런 일이 가능했을까? 도대체 어린왕자가 누구이기에 그런 위기의 순간에 출현해서 어처구니없는 요구를 하게 된 것일까? 화자가 직면해 있는 절박한 상황을 하나도 심각하게 생각하지 않으면서 어떻게 그 위기에서 벗어날 수 있는 힘을 주게 된 것일까?

그 기이한 이야기 속으로 들어가보자.

어른들과 비슷해지게 된 나, 화가를 포기하고 비행기 조종사가 되다.

『어린왕자』 책의 맨 앞으로 돌아가 보자. '나'는 여섯 살 때 정글의 모험에 관한 책을 읽은 후, 코끼리를 통째로 삼킨 채 소화시키고 있는 〈보아구렁이 그림〉을 상상력을 발휘해서 그린다. 모두 두 장이다. 한 장은 구렁이 뱃속이 보이지 않는 닫힌 그림이고 다른 한 장은 속이 보이는 열린 그림이다. '나'는 속이 보이지 않는 그림을 어른들에게 보여주며 무섭지 않느냐고 묻는다. 어른들은 모자가 뭐가 무섭냐고 답한다.

어른들은 보이지 않는 것을 볼 줄 모르기 때문이다.

위기를 비웃어라: 어린왕자와 위기극복의 상상력
난 참 바보처럼 살았군요.

그래서 이번에는 속이 보이는 열린 그림을 어른들을 위해 그린다. 그러자 어른들은 그런 쓸 데 없는 그림 따위는 집어치우고 지리, 역사, 산수, 문법 등을 공부하라고 충고한다. 어른들이라면 아이들에게 언제나 해주는 잔소리이다. 그만 놀고 공부나 하라는 잔소리이다.

쓸 데 없는 짓 집어치우고 유익한 공부나 하라는 어른들의 충고는 말 그대로 현실적으로 유익한 충고이다. '나'는 도리 없이 그 충고를 따른다. 그래서 화가가 되는 길을 포기하고 비행기 조종사가 된다. 화가의 길을 포기하고 비행기 조종사가 된 자신에 대해 작품의 화자는 "나는 어른들과 비슷해졌다"라고 말한다. 무슨 말인가? 어릴 때 간직했던 꿈으로부터 멀어졌다는 말이다.

남들이 정상이라고 여기는 어른으로 성장하는 길로 들어섰다는 말이다.

그런데 왜 '나는 어른이 되었다'라는 표현대신 '나는 어른들과 비슷해졌다'라는 표현을 쓴 것일까? 내가 완전히 어른이 되지는 않았다는 것을 말하고 싶어서이다. 어른들의 충고로 쓸 데 없는 그림 따위는 팽개쳤지만 그림을 향한 꿈은 완전히 버리지 않았다는 것을 말하고 싶어서이다. 그래서 '나'는 어렸을 때 그린 〈닫힌 보아구렁이 그림〉을 언제나 간직하고 다닌다. 그리고 조금이라도 총명해 보이는 어른들을 만나면 그 그림을 보여주며 무섭지 않느냐고 묻는다. 그가 꿈을 간직한 사람인지 알고 싶어서이다.

'나'는 물론 매번 실망을 경험한다. 하지만 결코 그림을 버리지는 않는다. 그 꿈이 너무 소중해서이다. 나와 마찬가지로 어린 시절의 꿈을 간직하고 있는 사람을 한번 만나고 싶다는 간절한 소망이 너무 컸기 때문이다. 그 꿈을 완전히 잃어버리고 완전히 어른이 되어버린 사

위기를 비웃어라: 어린왕자와 위기극복의 상상력
난 참 바보처럼 살았군요.

람들 사이에서 사는 것이 너무나 힘들고 외로웠기 때문이다.

어른들의 충고에 따라 화가의 길을 포기한 내가 왜 하필 비행기 조종사가 되었겠는가? 그 꿈을 완전히 잃지 않았기 때문이다. 비행기는 바로 하늘을 날고 싶다는 꿈이 만들어낸 결과가 아니겠는가? 비행기를 조종하고 하늘을 날면서 '나'는 내가 그 꿈을 완전히 포기하지 않았다는 것, 내게는 여전히 하늘을 날고 싶다는 꿈이 있다는 것을 확인하지 않았겠는가!

그렇다면 사막에서 맞이한 절체절명의 순간에 '나'가 어린왕자를 만난 것은 너무나 당연한 일이다.

그는 바로 '나'의 꿈의 화신이기에…….

'보이지 않는 것을 보려는 노력 하지마라, 꿈이나 이상 따위는 아무 쓸 모 없으니 버려라.'

열린 구멍이건 닫힌 구멍이건 쓸 데 없는 짓 그만두고 유익한 공부를 하라는 어른들의 충고는 구체적으로 무슨 충고일까? 단도직입적으로 말하자면 '네가 좋아하는 것을 하지 말라'는 충고이다. 좋아하는 것만 하고 있다가는 험한 세상 살아가기 힘들다는 충고이다. 두 눈 똑바로 뜨고 세상 제대로 바라보라는 충고이다. 제발 꿈에서 깨어나라는 충고이다.

그 충고를 받아들이면 어떻게 될까? 어른들처럼 성장

하게 된다. 어른들처럼 성장하다니? 당연한 소리 아닌가? 사람은 누구나 태어나서 나이를 먹고 어른으로 성장한 뒤 죽는 것이 아닌가? 그 누구도 부정할 수 없는 명백한 사실 아닌가? 그 충고를 받아들인다는 것은 그 누구도 따를 수밖에 없는 삶의 길을 따라가는 것이 아닌가?

그런데 그게 그렇게 간단하지 않다.

물리적으로 우리는 세상에 태어나 성장하고 죽는다. 길어야 백 년 남짓이다. 이게 두 눈 똑바로 뜨고 본 우리의 현실이다. 우리의 삶을 그렇게 물리적으로만 본다면 어른이 되어간다는 것은 성장하는 동시에 쇠퇴하는 삶을 살아가는 것이 된다. 하지만 우리의 삶은 그렇게만 이루어지지는 않는다. 성장하고 기울어지는 삶과는 또 다른 삶이 있다. 바로 탈바꿈의 삶이다. 우리는 모두 한 세상을 살지만, 성장하고 쇠퇴한 후에 죽음을 맞이하는 삶, 매듭이 없는 삶을 살 수도 있고 깨달음을 통해

위기를 비웃어라: 어린왕자와 위기극복의 상상력
난 참 바보처럼 살았군요.

여러 번 다시 태어나는 삶을 살 수도 있다.

다시 태어난다는 것은 무엇을 의미하는가? 이전보다 더 큰 눈으로 세상을 바라볼 수 있게 되었다는 것을 말하지 않는가! 이전과는 전혀 다른 눈으로 세상을 바라볼 수 있게 되었다는 것을 말하지 않는가! 이전보다 더 큰 눈으로, 이전과는 다른 눈으로 세상을 보고 살 수 있다면 그것은 이미 주어진 한 세상을 여러 번 산 셈이 된다. 다른 눈으로 보고 사는 삶은 그 이전과는 또 다른 새로운 삶이기 때문이다.

'네가 좋아하는 것 집어치우고 네게 유익한 공부를 하라'는 충고는 주어진 조건 내에서 최선을 다하라는 충고이기도 하다. 다른 데 한 눈 팔지 말라는 충고이기도 하다. 아주 당연하고 유익한 충고이기도 하다. 우리가 세상에 태어나서 부모로부터 듣는 충고는 그런 충고이다. 우리가 학교에 다니면서 배우는 것들도 바로 그런 것들이다. 그 충고를 받아들이면 얻는 게 많다. 다른 사람들로부터 어른 대접도 받고 똑똑하다는 소리도 듣는다. 그럭저럭 세속적인 성공의 길을 걸으며 살아갈 수 있다.

그런데 문제가 있다. 태어나면서부터 학교를 졸업할 때까지 온통 그 충고만 받아들이고 살다보면 그것만이 전부인 사람이 되어버린다는 게 문제이다. 다른 것을 볼 줄 모르는 사람이 되어버린다는 게 문제이다.

여기서 고등학교 시절 아주 충격적으로 읽은 우리나라 단편소설의 내용이 하나 떠오른다. 너무 오래 되어서 작가 이름도 작품명도 잊었지만 내용은 아주 생생하다. 아버지를 파멸로 이끈 원수를 찾아 복수하는 것을 삶의 목표로 살아가는 젊은이 이야기이다. 그런데 어느 날 신문에서 그 원수가 대죄를 저지르고 사형이 집행되었다는 기사를 보게 된다. 국가가 원수를 대신해서 갚아주었으니 소원을 성취한 셈이다. 그런데 어떤 일이 벌어졌겠는가? 주인공이 자살을 하고 만다. 그리고 소설은 그걸로 끝이다.

왜 그런 일이 벌어진 것일까? 일생일대의 소원이 이루어진 순간 주인공이 왜 자살을 하게 되는 것일까? 삶의 의미와 목표가 사라졌기 때문이다. 오로지 원수를 갚는 것만이 목표인 삶을 살아왔기에 그 목표를 이루는 순간, 다른 삶의 의미와 목표를 세울 수 없었기 때문이다. 더욱이 그 목표도 내 손으로 직접 달성한 것이 아니니 허망하기 그지없다. 간절하게 원하던 것을 남이 앗아간 셈이다. 물론 소설의 내용이다. 그래서 좀 극단적일 수 있다. 그러나 우리에게 남겨주는 교훈은 아주 만만치 않다.

다시 말하자. '열린 구렁이건 닫힌 구렁이건, 쓸 데 없는 짓 그만두고 유익한 공부를 하라'는 어른들의 충고는 말 그대로 유익한 충고이다. 하지만 너무 유익해서 문제이다. 그 충고 자체가 너무 유익한 충고라서 유익하지 않은 것을 볼 줄 아는 능력이 사라지게 된다. 세상 바라보는 눈이 아주 단순해진다. 일차원적이 된다. 세상 바라보는 눈이 단순해지니까 세상도 단순해진다. 지금 우리가 사는 세상이 그렇다.

'잘 산다는 것'이 어떤 것인지 한 번 생각해보자. 우리는 흔히 말한다. '훌륭한 사람이 잘 사는 세상이 되었으면 좋겠어.' '착한 사람이 잘 사는 세상이 되었으면 좋겠어.' 아주 좋은 말인 것 같지만 아주 위험한 말이다. 잘 산다는 것의 의미를 은연중에 경제적으로 넉넉한 삶을 사는 것으로 생각하고 있기 때문이다. 정확히 말하자면 훌륭한 사람이 된 것, 착한 사람이 된 것만으로도 이미 충분히 잘 산 셈이다. 그런데 '착한 사람이 잘 사는 세상이 되었으면 좋겠어'라고 말하는 순간 착하게 사는 삶은 경제적으로 잘 사는 삶보다 못한 삶이 되어버린다. 경제적으로 보상을 받지 못하면 모든 삶이 잘 살지 못한 삶이 되어버린다. 경제적인 보상을 받지 못하면 의미가 없는 삶이 되어버린다. 그게 바로 우리

위기를 비웃어라: 어린왕자와 위기극복의 상상력
난 참 바보처럼 살았군요.

현대인들의 모습이다. 그래서 세상은 경제적으로 잘 살기 위한 무한 경쟁의 무대가 되고 실력을 쌓는 게 우선적인 목표가 되어버린다.

그러니 어른들의 충고만 뒤따르다보면 얻는 것도 있지만 그 이상으로 잃는 게 더 많다. 우선 보이지 않는 것을 볼 줄 아는 능력을 잃는다. 〈닫힌 보아 구렁이 그림〉을 어른들에게 보여주며 무섭지 않느냐고 묻던 어린 시절의 나는, 보이지 않는 것을 볼 줄 아는 잠재능력을 지니고 있었다. 그런데 어른들의 충고를 받아들이면서 그 잠재능력은 조금도 발전하지 않는다. 오히려 퇴색한다. 보이지 않는 것을 볼 능력을 잃었으니 꿈도 잃게 된다. 눈앞에 닥친 문제들을 해결할 수 있는 능력은 발달했는지 모르지만 더 멀리 보는 능력은 쇠퇴한다. 그러니 보이지 않는 것을 꿈꾸는 능력은 더 말할 필요가 없다.

나는 학생들과 술자리를 자주 하는 편이다. 그 자리

에서 나는 농담처럼 말한다. 너희들 이런 경험을 하면 무엇을 얻을까? 어리둥절해 하는 학생들에게 나는 '내공이 쌓이지'라고 말한다. 나는 내공이라는 표현을 통해 세상은 너희들이 공부를 통해 얻은 실력과 지식만으로는 충분하지 않다는 이야기를 하고 싶었을 것이다. 더 멀리 보고 다르게 보는 눈을 키우는 게 중요하다는 이야기를 하고 싶었을 것이다. 그리고 그것이 바로 꿈이라는 이야기, 이상이라는 이야기를 하고 싶었을 것이다. 너희들 모두 어린 시절 간직했던 그 꿈, 『어린왕자』의 '나'처럼 어린 시절 잃어버린 그 꿈을 다시 되살리라는 이야기를 하고 싶었을 것이다.

생텍쥐페리는 어린 시절 잃어버린 것이 바로 꿈이라는 사실을 『어린왕자』를 통해 아주 확실하게 보여준다. '나'는 좀 총명해 보이는 사람을 만나면 주머니에 항상 지니고 다니던 그림을 보여준다. 혹시 '무섭다'는 반응을 보일지 기대하며. 하지만 늘 '모자네'라는 대답만 들는다. 그러자 화자는 말한다.

'나는 더 이상 보아 구렁이 이야기도 별 이야기도 하지 않았다'라고······.

보아 구렁이 이야기와 함께 왜 별이라는 단어가 느닷없이 나왔을까? 어린 시절 잃은 것이 바로 꿈이며 이상이라는 것을 보여주기 위해서이다. 별이 무엇을 의미하는가? 바로 이상을 의미한다. 꿈을 의미한다. 그러니 좋아하는 것 제쳐두고 유익한 것을 공부하라는 어른들의 충고는 '보이지 않는 것을 보려는 노력 하지마라, 꿈이나 이상 따위는 아무 쓸 모 없으니 버려라'라는 충고이기도 하다. 그 꿈이나 이상을 버리면 어떻게 되는가? 바로 자기 자신을 잃게 된다. 꿈을 꿀 줄 아는 자기 자신을 잃게 된다. 이게 대체 무슨 이야기일까?

꿈꾸는 자아를 찾아서!
삶의 비밀을 깨치려고 애쓰는 자아를 찾아서!'

나는 누구인가? 누구나 던질 수 있는 질문이다. 조금 더 명확하게 질문을 바꾸자. 나를 나답게 만들어주는 것은 무엇인가? 그 질문은 조금 거창하게 과연 인간을 인간답게 만들어주는 것은 무엇인가라는 질문으로 바꿀 수도 있다. 누구나 던질 수 있는 간단한 질문처럼 보이지만 답은 그리 간단하지 않다. 인류사의 온갖 철학적·종교적 성찰의 핵심을 차지하는 것이 바로 그 질문이다. 그 질문은 좀 더 간단하게 '자아란 무엇인가?'라

위기를 비웃어라: 어린왕자와 위기극복의 상상력
난 참 바보처럼 살았군요.

는 질문으로 바꿀 수도 있다.

청소년기를 흔히 자아를 찾는 시기라고 말한다. 자기가 누구인지 알아가는 시기라는 뜻이다. 남들과의 관계 속에서 자기 자신을 바라볼 줄 알게 되었다는 뜻이다. 그런데 우리는 대개 그 자아를 '생각하는 자아'의 의미로 사용한다.

프랑스의 철학자인 데카르트(René Descartes, 1596~1650)가 '나는 생각한다, 고로 나는 존재한다'라는 명제를 내세운 이후에 많은 사람들이 당연하게 받아들이고 있는 자아의 모습이다. 데카르트는 17세기 프랑스의 합리주의 철학자이다. 인간이 인간다운 것은 인간에게 이성이 있기 때문이라고 말한 사람이다. 지금 우리는 대개 데카르트의 생각에 물들어 있다. 그래서 '내가 사람답게 살 수 있는 것은 내가 생각할 줄 알기 때문이다. 사람인 내가 동물과 다른 것은 내가 생각할 줄 알기 때문이다'라고 말한다. 너무나 지당해 보인다. 하지만 '내 속엔 내가 너무도 많아'라고 읊은 〈시인과 촌장〉의 〈가시나무〉라는 노래에 귀 기울이지 않더라도 내 속에는 그렇게 '생각하는 자아'만이 들어있지 않다.

상상력의 코페르니쿠스적 혁명이라는 커다란 업적을 남긴 프랑스의 철학자 가스통 바슐라르^{Gaston Bachelard, 1884~1962}는 기나긴 우여곡절 끝에 인간에게는 생각하는 자아만이 아니라 상상하는 자아도 동등하게 활동하고 있음을 밝혔다. 데카르트가 확립한 합리주의에 의하면 상상력은 인간의 이성이 깨이기 전의 유치한 인식의 활동이다. 그래서 상상력은 세상을 제대로 보는 데 방해가 된다. 그런데 바슐라르는 인간을 인간답게 해주는 것은 정작 이성이라기보다는 바로 '인간의 상상력'이라는 아주 혁명적인 발상을 한 사람이다. 그는 '나는 생각한다. 고로 나는 존재한다'라는 데카르트의 명제를 '나는 상상한다, 고로 나는 존재한다'라는 명제로 바꿀 수 있게 해준 사람이다. 그리고 그가 쓴 책 제목의 하나가

『꿈꿀 권리』이다. 말하자면 상상하는 자아는 바로 꿈꾸는 자아인 셈이다.

데카르트가 내세운 생각하는 자아는 두 눈 똑바로 뜨고 세상을 바라보는 자아이다. 복잡한 이 세상과 일정한 거리를 두고 어떤 식으로건 그 정체를 밝히려는 자아이다. 복잡한 세상을 관통하는 법칙을 발견해 내려고 애쓰는 자아이다. 그 자아 앞에서 이 세상은 풀어야 할 어려운 수학 문제 같은 것이 된다.

반대로 꿈꾸는 자아는 자신의 내면을 성찰하는 자아이다. 삶의 의미를 묻는 자아이다. 그 자아는 호기심을 가진 자아이며, 세상과의 거리를 좁혀 세상을 이해하고 세상과 화합하려는 자아이다. 그 자아는 삶의 비밀을 깨치려고 애쓰는 자아이다.

어린왕자는 나의 또 다른 자아이자 분신, 바로 '꿈꾸는 나'의 화신

『어린왕자』속의 어린 시절 '나'는, 누구나 그렇듯이 그 두 자아를 지니고 있다. 그런데 어른들의 충고에 의해 생각하는 자아만 열심히 활동하게 된다. 거꾸로 꿈꾸는 자아의 활동은 정지된다. 생각하는 자아만 성장 발달하고 꿈꾸는 자아는 성장을 멈춘다. 그래서 눈앞의 현실적 문제는 쉽게 해결할 수 있는 똑똑한 어른이 된다.

하지만 삶의 근본적 의미에 대해서는 무지한 존재가 된다. 삶의 근본적 의미에 대해 질문을 던지는 자아는 여섯 살 이후 성장을 멈춘 채 미성숙의 상태로 남아 있기 때문이다. 삶의 비밀을 깨치는 배움의 길로는 들어서보지 않았기 때문이다. 삶의 비밀에 대해서는 배운 게 없기 때문이다.

어른들의 충고에 의해서 지리, 역사, 산수, 문법 등을 공부하면서 '나'의 생각하는 자아는 제대로 성장한다. 하지만 내 속의 꿈꾸는 자아는 성장을 멈춘 채 숨겨져 있다. 그래서 스스로 내 안의 '꿈꾸는 자아'를 낯설게 여기게 된다. 내 안에 꿈꾸는 자아가 들어있는지 아닌지도 모르게 된다.

당신이 대학에 들어가기 위해 아무 생각 없이 입시공부에만 몰두해 있던 청소년기를 지냈다면 당신은 꿈꾸는 자아를 잃은 것이다. 순전히 점수에 맞추어 대학을 선택했다면 그도 마찬가지이다. 일류기업에 취업하는 것에 대학생활의 초점이 맞추어 있다면 그 또한 마찬가지이다. 사회에 나와서도 여전히 현실적인 성공만을 목표로 삼고 살고 있다면 그것도 매한가지다.

 사람들과 어우러져 살면서 필요한 덕목들, 사람들과 함께 나누는 정 같은 것들 보다는 현실적인 성공이 그 무엇보다 중요하다고 믿고 있다면 당신의 꿈꾸는 자아는 성장을 멈추어 있다는 증거이다. 그런 현실적인 성공에다가 '내 꿈'이라는 수식어를 자주 갖다 붙인다면 그것은 당신에게서 꿈이 사라진 아주 확실한 증거이다. '내 꿈은 큰 회사 사장이 되는 거야, 내 꿈은 정치가가 되는 거야, 내 꿈은 교수나 판사가 되는 거야'라고 힘주어 말할수록 당신은 꿈이 없는 존재가 된다. 그렇게 말할 때의 '꿈'은 '현실적인 성공'일 뿐이다.

 그런 것들과 『어린왕자』의 꿈은 다르다. 『어린왕자』의 꿈은 내 속의 '또 다른 내'가 꾸어야 하는 꿈이다. 현실 속에서 잊고 있던 나의 또 다른 자아가 꾸어야 하는 꿈이다.

위기를 비웃어라: 어린왕자와 위기극복의 상상력
난 참 바보처럼 살았군요.

어린왕자는 바로 그렇게 스스로도 잊고 있던 나의 또 다른 자아, 성장을 멈춘 또 다른 자아이다. 어린 왕자는 바로 나의 또 다른 분신인 것이다. 어린 왕자는 '꿈꾸는 나', 바로 그것의 화신인 것이다.

그렇다면 어린왕자는 왜 사느냐 죽느냐의 절체절명의 순간에 화자 앞에 나타난 것일까? 꿈은 여유로울 때라야 꿀 수 있는 것이 아닌가? 지금은 정말 긴박한 실존적 문제에 몰입해 있을 때가 아닌가? 그 상황에서 꿈이란 것은 정말 사치스러운 것이 아닌가? 목숨이 경각에 달려 있는 상황에서 꿈 따위가 무슨 소용이란 말인가?

홀로 죽음이라는 거대한 실존과 마주한 절대고독의 상황

어린왕자는 화자 내부의 또 다른 자아이다. 더 쉽게 말한다면 화자 속에 들어 있는 또 다른 나의 모습이다. 평소에는 잊고 있던 또 다른 나의 모습이다. 그가 목숨이 경각에 달린 위기의 순간에 나타난다. 얼핏 보면 너무 황당하다 못해 신비스럽기까지 하다. 하지만 사실 너무 당연한 일이기도 하다. 어째서 당연한 일일까?

작품의 '나'는 사느냐 죽느냐의 절체절명의 순간을 맞이하고 있다. 이대로 죽을지도 모른다는 두려움에 휩

위기를 비웃어라: 어린왕자와 위기극복의 상상력
난 참 바보처럼 살았군요.

싸여 있다. 게다가 곁에는 아무도 없다. 이른바 절대고독에 처해 있다. 홀로 죽음이라는 거대한 실존과 마주한 상황! 그것이 바로 절대고독의 상황이 아니고 무엇이겠는가. 현실의 일상에 치어 하루하루 숨 가쁘게 살다보면 우리는 그런 절대고독의 순간을 맞기 어렵다. 하지만 실은 그런 절대고독의 순간을 잊고 살고 있을 뿐이다.

사람은 누구나 죽음을 피할 수 없다. 그리고 그 죽음은 오롯이 나만이 마주하고 감당해야 하는 실존이다. 사실상 우리는 언제고 절대고독에 빠질 준비가 되어 있는 셈이다. 그러니 『어린왕자』 속의 '나'의 상황을 상상해보는 일은 그렇게 어려운 일이 아니다. 잠시 눈을 감고 우리의 삶에 대해 곰곰 생각해보는 것으로 족하다. 자, 이제 작품의 '나'와 같이 그 절체절명의 순간으로 가보자.

그 순간 우리가 취할 수 있는 태도는 어떤 것이 있을

까? 우선은 둘이 떠오른다. 어떻게 해서라도 살아 돌아가야겠다는 삶의 의지를 불태우는 태도. 반대로 체념과 절망에 빠져 삶을 포기해버리는 태도. 사느냐 죽느냐의 막다른 골목에서 그 양자택일의 길밖에는 없는 듯이 보인다. 우리들은 대개 그 둘 중 하나를 택하는 데만 익숙해 있다.

죽음 앞에서 펼쳐지는 삶에 관한 근본적이고 절박한 질문들

하지만 그와는 다른 태도가 또 있다.

죽음을 눈앞에 두고 자신의 삶 전체를 되돌아보고 질문을 던지는 것. 도대체 산다는 게 뭐지? 잘 산다는 건 뭐지? 나는 과연 잘 살아오긴 한 건가? 그리고 이어지는 질문. 도대체 나는 어디로 와서 어디로 가는 거지? 삶 자체에 대한 근본적인 그 질문! 그 질문은 죽음을 눈앞에 둔 위기의 순간에 누구나 떠올릴 수 있는 질문이며 떠올려야 하는 질문이기도 하다.

그 질문은 필경 자신의 삶 전체를 되돌아보고 자신의 삶 전체를 반성하게 만든다. 그 누구든 완전히 만족할 만한 삶을 산다는 것은 불가능하기 때문이다. 그 반성은 자기가 살아오면서 이룬 것들을 향한 아쉬움이나 후회로 나타나지 않는다. '아, 그때 왜 나는 그렇게 행동했지, 왜 그런 선택을 했지, 아, 조금만 더 노력했다면 더 큰 일을 할 수 있었을 것을' 등등의 아쉬움은 죽음을 눈앞에 둔 사람에게는 어울리지 않는다. 그 아쉬움이 너무 현실적이기 때문이다. 죽음은 현실과의 결별을 뜻하지 않는가? 현실과 결별하는 자리에서 현실적인 아쉬움만 토로한다면 그것은 아쉬움이라기보다는 집착이다.

그 상황에 어울리는 아쉬움은 그런 것이 아니다. 자신이 진정으로 하고 싶었지만 시도조차 해보지 못한 것을 향한 아쉬움이 훨씬 어울린다. 또한 <u>바삐 살아오면서 잊고 있던 질문, 너무나 멀리 했던 그런 질문들</u>이 어울린다. '나는 누구인가?' '삶이란 무엇인가?' '죽음이란 무엇인가?' '이제 나는 어디로 가는가?' '꿈이란 무엇인가?' '나는 꿈꾸며 살았던가?' '무엇이 되기 위해 살았고, 무엇이 되기 위해 죽는 것인가?' 등등 **삶 자체에 대한 근본적인 질문들**…….

현실 속에서 어른이 되어간 지금의 내가 던지는 질문이 아니라 스스로도 잊고 있던 내 속의 또 다른 나, 나의 반쪽이 던지는 질문들. 그 절박한 질문들.

내게 너무도 낯선 나의 반쪽,
나의 분신, 어린왕자의 출현

 어린왕자는 바로 스스로도 잊고 있던 내 속의 또 다른 나, 나의 반쪽이다. 어린왕자는 어린 시절 성장을 멈춘 내 속의 꿈꾸는 자아이다. 그 어린왕자가 절체절명의 위기의 순간에 화자의 눈앞에 나타나는 것은 너무나 자연스럽다. 꿈을 멀리하고 어른들과 어울리며 살았지만 그 꿈을 완전히 버린 것은 아니기 때문이다. 그 꿈을 완전히 버리지 않았기에 맹목적으로 삶에 집착하지 않게 된다. 그 꿈을 완전히 버리지 않았기에 그냥 체념하고 죽음을 아무 생각 없이 받아들이지 않는다. 그 꿈을 완전히 버리지 않았기에 자신의 삶 전체를 완전히 다른 눈으로 다시 되돌아볼 수 있게 된다.

그런데 왜 어린 왕자의 출현에 '나'의 눈이 휘둥그레지고 그가 신비스럽게 여겨지는 것일까? 어린왕자는 멀리 있는 존재가 아니라 바로 나의 분신이거늘. 이유는 간단하다. 내 속의 또 다른 나를 스스로도 낯설게 여기는 그런 삶을 살아왔기 때문이다. 내 속의 또 다른 나를 너무 잊고 살았기 때문이다. 그 나의 분신에 어울리는 세상과는 너무 다른 세상에서 살아왔기 때문이다. 너무나 반쪽으로 살아왔기 때문이다. 그 반쪽을 자기의 전부로 착각하고 살아왔기 때문이다.

어린왕자, 내 속의 또 다른 나는, 현실 속의 나와는 다른 눈으로 세상을 본다. 현실 속의 나와는 전혀 다른 질문을 한다. 그 순간 모든 것이 뒤집힌다. 그 동안 내가 정말 중요시하던 것들이 시들해진다. 정작 중요한

위기를 비웃어라: 어린왕자와 위기극복의 상상력
난 참 바보처럼 살았군요.

질문은 던지지도 않은 채 낭비한 세월을 향한 뼈저린 후회가 가슴을 친다. 〈난 참 바보처럼 살았군요〉라는 김도향의 노래처럼, '난 정말 잘 못 살아왔잖아'라고 고개를 떨구게 된다. 나름 열심히 살아 왔고 이제 그 끝에 와 있는데도 '〈산다는 것〉에 대해 나는 아는 게 하나도 없잖아'라는 자괴감에 젖게 된다.

그렇다고 되돌릴 수는 없다. 다시 살 수도 없다. 적어도 물리적으로는 그렇다. 내 속의 또 다른 나, 세상 모든 것에 호기심을 잔뜩 지닌 채 자기가 좋아하는 일을 실컷 하는 나, 실컷 꿈을 꾸는 나를 다시 세상으로 되돌려 보낼 수 없다. 살아간다는 것의 의미, 그 비밀을 깨치려 애쓰는 삶을 다시 살 수 없다. 조급하다. 정말 '덧없이 세월을 흘려보낸 후', '갑자기 텅 빈 내 마음'을 보고 '난 참 바보처럼 살았군요'라고 한탄만 하게 된다.

절망의 문 앞에서 마주친
삶의 비밀에 대한 깨우침

    그러나 절망할 필요가 전혀 없다. 그 깨달음은 기나긴 물리적 시간을 필요로 하지 않기 때문이다. 그 깨달음은 어느 순간 갑작스레 찾아올 수도 있기 때문이다. 그 깨달음을 통해 단번에 탈바꿈을 할 가능성이 우리 모두에게 열려 있기 때문이다. 순간적인 깨달음을 통해 내 삶 전체에 의미를 줄 수 있는 가능성이 우리 모두에게 열려 있기 때문이다.

    그 깨달음은 불교의 돈오頓悟 같은 것이요, 종교적 회심의 순간 같은 것이다. 종교적 신앙 간증에서 우리는 그러한 깨달음의 예를 얼마나 많이 들을 수 있는가. '아, 내가 이제까지 정말 잘 못 생각했구나!' '아 이제까지 나는 정말 제대로 볼 줄 몰랐구나!' 하는 깨달음이 오는 순간 <u>우리는 살면서 그런 경험을 무수히 한다</u> 우리는 새롭게 살 준비를 하게 되는 셈이다.

『어린왕자』는 그 깨달음의 책이다. 꿈을 꾸는 자아가 세상을 배워가며 성숙해 가는 행로 자체이다. 여섯 살 때 어른들의 충고에 의해 성장을 멈춘 내 속의 꿈꾸는 자아가, 현실 속의 나와는 전혀 다른 눈을 가지고, 전혀 다른 질문을 가지고, 전혀 다른 방법으로, 자신의 궁금증을 풀어가는, 삶의 비밀을 깨우쳐 가는 책이다. 자신의 별을 떠나 이상한 어른들이 사는 별을 방문하고 지구까지 와서 스승 여우를 만나는 어린왕자의 행로는, 현실 속의 나와는 전혀 다른 방식으로 세상 살아가는 법을 배우는 수련의 여정이고 깨침의 여정이다.

어린 왕자, 즉 내 속의 또 다른 나는 지리, 역사, 산수, 문법 등을 공부할 때와는 다른 방식으로 세상을 배운다. 그 배움의 방식은 지리, 역사, 산수, 문법을 배우는 것과는 다르다. 지리, 역사, 산수, 문법을 배우면 지식이 차근차근 쌓인다. 하지만 어린왕자는 배움을 통해 삶의 지혜를 얻게 된다. 삶의 비밀을 깨치게 된다. 그 배움의 과정에서는 반드시 스승이 필요하다. 손가락으로 멀리 달을 가리키는 스승이 필요하다. 그곳으로 가는 길을 안내해 주는 스승이 필요하다. 어린왕자는 그 배움의 과정에서 스승 여우를 만난다. 여우는 어린왕자를 깨침의 길로 안내하는 인도자이다.

그런데 그 배움의 과정에서 어린왕자는 스승 여우를 만나기 전에 이상한 어른들을 먼저 만난다. 왜 그 배움의 과정에서 곧바로 스승 여우를 만나지 않고 그 이상한 어른들을 먼저 만나는 것일까? 그들은 누구인가? 만날 때마다 '어른들은 정말, 정말 이상해'라며 고개를 갸

웃거리게 만든 그들에게서 어린왕자는 과연 무엇을 배운 것일까?

chapter

2

어른들은
정말 이상해~

내 안의 또 다른 나 발견하기

여섯 개의 별에서 만난 이상한 어른들, 그러나 친숙한 사람들

 장미와의 불화로 인해 자신의 별을 떠나온 어린왕자는 어른들이 살고 있는 여섯 개의 별을 차례차례 방문한다. 각각의 별에는 왕, 자만심에 가득한 사람, 술꾼, 사업가, 가로등 불 켜는 사람, 지리학자가 살고 있다. 그들을 만나고 떠나올 때마다 어린왕자는 '어른들은 정말 이상해'라고 혼잣말을 하게 된다. 그리고 『어린왕자』 책을 읽는 우리는 누구나 어린왕자의 입장이 되어 그 어른들을 이상한 사람들이라고 생각한다.

위기를 비웃어라: 어린왕자와 위기극복의 상상력
어른들은 정말 이상해~

하지만 그들은 정말 이상한 사람들일까? 아니다. 하나도 이상한 사람들이 아니다. 우리가 우리 곁에서 늘 친숙하게 보는 사람들이다. 세상에는 왕처럼 권력을 지닌 사람들이 있고, 자존심에 모든 것을 건 사람들도 있다. 우리 주변에 술꾼은 얼마나 많으며, 사업가는 말하지 않아도 답이 딱 나오는 어른들의 자화상 아닌가. 게다가 명령에 충실한 군인, 끊임없이 앎에의 욕구에 파묻혀 사는 학자는 더 설명할 필요도 없을 것이다.

그 뿐이 아니다. 어찌 보면 그들은 우리 모두가 선망하고 본받으려는 사람들이다. 술꾼은 예외로 치더라도 나머지 어른들의 모습은 대개의 사람들이 성취하고 싶은 삶의 목표를 대변하기도 한다. 왕의 권위나 권력은 감히 넘보기 어려운 선망의 대상이고, 남들로부터 찬양을 받는 명예로운 삶, 그래서 자존심을 지킬 수 있는 삶은 누구나 부러워한다. 훌륭한 사업가가 되는 것이 로망인 사람은 상당히 많으며 용감한 군인이 되거나 훌륭한 학자가 되길 꿈꾸는 젊은이들도 아주 많다.

  그러니 사실상 그들은 우리가 한 세상 살면서 가장 중요하게 생각하는 가치들을 대표하고 있다. 그들은 우리들 누구나 지니고 있는 자연스러운 욕망 그 자체이기도 하다. 그러니 그들은 말 그대로 이상한 존재들이 아니다. 『어린왕자』에 등장하는 어른들은 사실 우리에게 너무 가깝고 익숙한 존재들이다.

우리의 자화상,
진지한 고민 없이
이름표에 연연하는 삶

   어린 왕자가 그들을 제일 먼저 만나는 것은 그 무언가 본받을 것이 있는 사람들을 만나서 가르침을 받기 위해서이다. 도술을 익히겠다는 뜻을 품은 젊은이가 명성이 자자한 고수를 찾아 나서는 것과 같다. 그런데 어린왕자는 그들을 만난 후 그 무언가를 배우기는커녕 어른들은 정말, 정말 이상하다는 생각만 점점 더 굳어지게 된다. 왜 그럴까? 그 훌륭한 어른들에게 어떤 공통적 결함이 있어 어린왕자의 고개를 갸우뚱하게 만드는 것일까?

단도직입적으로 말하자. 그들 모두에게는 '정말 중요한 그 무언가'가 빠져있기 때문이다. 왕을 예로 들어보자. 왕이 왕일 수 있는 것은 신하가 있고 백성이 있기 때문이다. 진짜 왕이란 그 넓은 망토 자락으로 신하와 백성을 감싸는 존재이다. 왕의 권위는 '군림하는 권위'가 아니라 '감싸는 권위'이다. 그게 왕이라는 이름에 걸맞는 명분이요, 역할이다.

그런데 어린왕자가 만난 왕에게는 신하도 없고 백성도 없다. 저 혼자 존재하고, 군림할 뿐이다. 그러니 있는 것은 왕이라는 허울 좋은 이름뿐이다. 그러니 왕이 어떤 존재이지? 왕이란 무슨 일을 해야 하지? 어떻게 해야 이름에 걸맞는 왕이 될 수 있지? 라는 고민이 없다. 그 고민 없이 왕이라는 허울 좋은 이름에 집착해서 '나는 왕이다, 나는 왕이다'라는 자기 최면에 도취해 있다. 거기서 빠져나오지 못한다.

다른 어른들도 마찬가지다. '자존심'은 남들이 자신

을 존중할 때 비로소 생길 수 있는 것이거늘 '허영심'에 그득 찬 어른은 남들은 모두 자신을 찬양한다는 착각 속에서 살아간다. 그 착각 때문에 자기 자랑을 늘어놓으며 '자만심'에 부풀지만 정작 자신을 찬양하는 사람은 하나도 없는 그런 거짓된 삶을 산다. 사업가는 돈을 실제로 어디다 쓸 것인가라는 고민은 하나도 없이 그냥 돈을 셈하고 모으는 데만 몰두해 있고, 학자는 구체적 세상 경험과는 담을 쌓고, 그래서 실제 삶에 대해서는 아무 것도 모르는 채 자신이 대단히 중요한 일을 하고 있다는 착각 속에 빠져있다.

어린왕자의 눈에 그들이 이상하게 비친 것은 그들이 왕이기 때문이 아니다. 명예를 존중하는 사람이기 때문이 아니다. 사업가이기 때문도 아니고, 학자이기 때문도 아니다. 그들이 '그 이름에 걸맞지 않는 삶'을 살고 있기 때문이다. 그 '이름과는 너무 동떨어진 삶'을 살고 있기 때문이다.

> 권위, 명예, 돈, 지식은
> 대체 무엇인가? 왜 필요한가?
> 질문이 없는 맹목적인 삶! 간판에만
> 매달리는 삶! 꿈이 없는 그런 삶!

왜 그런 일이 벌어진 것일까? 여기에 아주 큰 역설이 존재한다. 그 어른들이 너무 중요한 자리를 차지하고 있는 존재이기 때문이다. 그 어른들이 대변하는 권위, 명예, 돈, 지식 등이 우리네 삶의 현실에서 너무 중요한 가치이기 때문이다. 그래서 그 이름 자체가 주는 유혹이 너무 크기 때문이다. 그 이름 자체의 후광에 가려 그 이름에 걸 맞는 실질적 명분과 역할이 사라졌기 때문이다. 권위, 명예, 돈, 지식이 무엇이지? 그게 왜 필요하지? 그런 것을 얻으려면 어떻게 해야 하지? 그런 것을 얻은 다음에는 어떻게 처신해야 하지? 라는 고민은 사라진 채 그 이름 자체가 목표가 되어버린 채 그 이름에 갇혀 살기 때문이다.

그렇다면 우리들은 그렇게 쉽사리 어린왕자의 입장이 되어 그들을 이상한 사람이라고 여길 수가 없다. 정권을 잡는 것만이 최종의 목표인 정치인, 어떻게 해서든 돈을 버는 것이 지상의 목표인 사업가, 남이야 뭐라고 하건 말건 자기자랑에 여념이 없는 허풍쟁이, 상아탑이라는 미명하에 세상사와 등을 지고 살아가는 학자들은 바로 우리들 자신의 모습이기 때문이다.

그 뿐인가? 좋은 대학에 들어가면 모든 것이 해결될 것처럼 믿는 청소년, 좋은 기업에 취업하기 위해 스펙 쌓는 데만 열중해 있는 대학생들도 마찬가지이다. 우리들은 바로 그 허울뿐인 이름들을 삶의 목표로 정하고 살아가는 것이 아닌가? 권위, 명예, 돈, 지식은 그 자체

거의 모든 인간들의 꿈을 대신하고 있지 않은가? 어떻게 해서든 출세하는 삶을 사는 것이 우리 모두의 목표가 아니던가?

권위가 무엇인지, 자존심을 지킨다는 것은 무엇인지, 왜 돈을 벌어야 하는지, 공부는 왜 해야 하는지, 도대체 출세라는 것은 왜 해야 하는지 질문조차 해본 적이 없는 그런 맹목적인 삶!

속은 텅 빈 채 간판에만 매달리는 그런 삶!

한 마디로 꿈이 없는 그런 삶!

그런 연유로 어린왕자는 그들을 이상하다고 생각한 것이다. 지리, 역사, 산수, 문법 등을 공부할 때와는 다른 눈으로 그들을 바라보니까 벌어지는 일이다. 그렇게 다른 눈으로 그들을 보니까 그들은 모두 텅 빈 존재들이 된다. 아무 의미가 없는 삶을 사는 존재들이 된다.

어른이 되어버린 나를 깨뜨리기, 삶의 진짜 스승에게로 가는 길

　어린 왕자가 여섯 개의 별에 사는 어른들을 만나면서 그들이 정말 이상하다고 생각하게 되는 것! 이게 바로 새로운 배움의 길로 들어서는 첫 걸음이다. 우리가 새로운 배움의 길로 들어서려면, 전혀 새로운 눈으로 세상을 볼 수 있게 되려면, 그래서 완전히 새로운 삶을 살려면 어떻게 해야 하는가?

　우선은 자기 부정의 아픈 과정을 겪어야 한다. 이전까지 자신에게 가장 익숙하던 것, 가장 당연하다고 여기고 있던 것에 의심의 눈초리를 던져야 한다. 새롭게 깨달음의 길로 들어서기 전의 자신을 다 버려야 한다. 재탄생을 위한 죽음이요, 재탄생을 위한 통과제의이다.

비밀 결사 단체로 널리 알려진 프리메이슨은 그 입단 절차가 아주 까다롭다. 프리메이슨에 입단하고자 하는 자가 사원의 문을 두드릴 자격을 갖추려면 우선 모든 금붙이를 버리고 짧은 옷을 입어야 한다. 즉 팔과 어깨가 드러나야 하며 무릎도 드러나야 하고 발에는 슬리퍼를 신어야 하면 눈은 띠로 가려야 한다. 그것은 지니고 있는 재물을 버리고 사회적 지위나 세속의 체면을 벗어버리는 것을 의미한다.

모든 것을 버려라! 그럼으로써 모든 것과 결별하라! 이것이 새로운 깨달음의 길로 들어선 자에게 행해지는 제1의 명령이다.

그렇다면 이제 어린왕자가 만나는 어른들에 대해 다시 생각해보자.

어린왕자가 이상하다고 생각한 그 어른들은 과연 누구인가? 지리, 역사, 산수, 문법을 배우며 어른과 비슷해진 바로 자기 자신이 아닌가? 그 이상한 어른들은 밖에 있는 것이 아니라 바로 내 안에 있는 것이 아닌가? 그렇다! 어린 왕자가 여러 별들을 여행하며 만난 이상한 어른들은 '나'의 밖에 있는 어른들이 아니다. 그들은 바로 나 자신이기도 하다. 어른들 틈에서 그들과 어울리면서 살아온 나 자신, 그 어른들에게 익숙해진 나 자신, 그래서 어른들과 비슷해진 나 자신이기도 하다.

그러니 어린왕자-내 속에서 잠자고 있다가 깨어난 또 다른 '나'-가 어른들을 이상하게 보는 것은 바로 자기 자신을 이상하게 보는 것과 마찬가지이다. 이전에는 내가 왜 이런 것을 당연하게 여겼지? 왜 이런 것을 그렇게 소중하게 생각했지? 왜 이런 일에 목숨 걸었지? 라며 자기 자신을 의심하는 것과 마찬가지이다. 스스로 자기 자신을 이상하게 보는 것과 마찬가지이다.

위기를 비웃어라: 어린왕자와 위기극복의 상상력
어른들은 정말 이상 해~

아무런 꿈도 없이 살아왔던 자기 자신의 삶을 공허하게 보는 것과 마찬가지다.

사실상 그 누구도 결코 쉽사리 깨침의 길로 접어들 수 없다. 쉽사리 그 깨침의 문으로 들어설 수 없다. 『어린왕자』의 '나'도 마찬가지이다. '나'는 내 속의 어린왕자를 깨워 삶의 비밀을 깨치는 길로 나섰다. 나는 그 어린왕자와 함께 새로운 배움의 길로 들어서려 한다. 그 길에 들어서려면 세상 전체를 이전과는 전혀 다른 눈으로 보아야 한다. 세상 전체를 완전히 새로운 눈으로 보아야 한다. 그러니 우선 이전의 나를 철저히 부정해야 한다. 이전의 내가 깨져야 한다. 이전의 나를 버려야 한다.

배움의 길로 나선 어린왕자가 그 어른들을 먼저 만나서 그들을 부정하는 것은 곧 이전의 자기 자신을 부정하는 것이다. 그것은 스스로 자기 자신을 깨트리는 과정이다. 그래야 이전까지 존경의 눈으로 보았던, 배울 것이 있다고 생각했던 어른들을 외면하고 새로운 눈으

로 진짜 스승을 만날 자격이 생긴다.

　어린왕자가 스승을 만나기 전에 어른들을 먼저 만나는 것은 그 자격을 갖추기 위해서이다. 그 어른들을 만나서 그들이 정말 이상한 사람들이라는 것을 확인한 후, 즉 내가 이제까지 정말 이상한 사람으로 살아왔다는 것을 확인한 후, 그리고 그런 나를 부정하고 버린 후 나는 비로소 진짜 스승을 만나 진정한 가르침을 받을 준비를 갖출 수 있게 된다. 그 준비를 갖춘 뒤에야 어린왕자는 진정한 스승 여우를 만날 수 있게 된다.

chapter

3

중요한 것은 눈에 보이지 않는 법이란다.

관계와 만남 창조하기, 서로를 길들이기

지구에 막 도착한 애송이, 철부지 어린왕자

어른들이 사는 별을 방문한 후 어린왕자는 지구에 도착한다. 지구에 갓 도착한 어린왕자는 아직 세상 물정 아무 것도 모르는 애송이일 뿐이다. 아직 우물 안 개구리일 뿐이다. 이전까지의 '나'와는 다르게 세상을 볼 준비가 되어 있기는 하지만 아직은 아무 것도 모르는 백지 상태일 뿐이다. 내 속의 또 다른 '나'인 어린왕자는 여섯 살 이후 성장을 멈추고 말 그대로 어린 상태에 머물러 있기 때문이다. 아직 아무 것도 경험하지 못했기

위기를 비웃어라: 어린왕자와 위기극복의 상상력
중요한 것은 눈에 보이지 않는 법이란다.

때문이다.

  세상 밖으로 나가 본 적이 없는 어린왕자, 아직 세상 경험이 없는 어린왕자, 아직 아무 것도 배워본 적이 없는 어린왕자는 정말로 순진하기 그지없는 존재이다. 그가 얼마나 순진하고 세상 물정 모르는 존재인가는 어린왕자와 장미와의 관계에서 그대로 드러나 있다.

  어느 날 어린왕자의 별로 날아와 싹이 트고 꽃을 피운 장미는 정말 까다로운 성격이었다. 호랑이가 와서 자기를 먹어버릴 수도 있다고 호들갑을 떠는가 하면 자기는 바람이 싫으니 바람막이를 해달라고 떼를 쓰기도 한다. 어린왕자는 장미를 향해 호감을 지니고 있었지만 하도 까다롭게 구는 바람에 곧 장미를 의심하게 되고 불화가 생기게 된다. 그리고 그 불화의 끝에 자신의 별을 떠나오게 된다. 헤어지는 순간이 되어서야 장미가 실토한다.

"내가 어리석었어."

어린왕자를 좋아하면서도 그것을 제대로 표현하지 않았다는 사실을 실토한 것이다. 그리고 덧붙인다.

"하지만 너도 나만큼 어리석었어."

자신이 어린왕자를 좋아한다는 것을 눈치 못 챈 어린왕자도 어리석긴 마찬가지라는 것이다. 뒤에 여우를 통해 길들인다는 것의 의미를 배운 어린왕자는 "나는 장미의 말을 듣고 판단하는 게 아니었어. 행동을 보고 판단했어야 했어"라며 자신이 어리석었음을 뉘우치게 된다.

그 누구와 사랑을 했으면서도 그것이 사랑인지도 모르는 것처럼 철부지가 또 있을까?

어린왕자는 장미와의 불화 끝에 자신의 별을 떠난다. 즉 새로운 배움의 길로 나선다. 어린왕자가 장미와의 파경 끝에 자신의 별을 떠나 새로운 배움의 길로 나선다는 것이 너무나 재미있다. 누구든 실연의 경험만큼 세상을 새롭게 배운다고 하지 않는가!

위기를 비웃어라: 어린왕자와 위기극복의 상상력
중요한 것은 눈에 보이지 않는 법이란다.

어쨌든 어린왕자는 알고 있는 것, 가진 것이라야 자기 무릎 높이까지 밖에 안 오는 세 개의 화산과 장미 한 그루 밖에 없으면서 그것이 세상 전부라고 믿고 있는 철부지이다. 세상 전부를 소유하고 있으니 자신이 대단한 존재라고 믿는 그런 철부지이다.

그런 철부지가 처음으로 세상으로 나가 세상을 구경한다. 어떤 일이 벌어지겠는가?

장미정원에서 마주한 사실,
한 없이 보잘 것 없는 나라는 존재

    지구에 도착한 어린 왕자는 사람들을 만나겠다는 일념으로 무조건 길을 걷는다. 그러다가 수천 송이의 장미가 피어있는 정원에 도착한다. 그가 알고 있던 장미는 어린왕자에게 자기가 이 세상에서 단 하나뿐인 장미라고 말했거늘! 단 한 곳의 정원에 수 천 송이의 장미가 아름다운 자태를 뽐내고 있다니!

위기를 비웃어라: 어린왕자와 위기극복의 상상력
중요한 것은 눈에 보이지 않는 법이란다.

어린왕자는 '이렇게 흔한 장미 한 그루를 가지고 있었으면서 나는 내가 부자인줄 알았잖아! 무릎까지 밖에 안 오는 화산 셋 밖에 없으면서 내가 대단한 왕자인줄 알았잖아!'라며 풀밭에 엎드려 흐느낀다. 자기가 얼마나 좁은 세상에서 살았는지, 자기가 얼마나 보잘 것 없는 존재인지를 확인하고 슬퍼하는 것이다.

자기가 얼마나 보잘 것 없는 존재인가를 확인하는 것! 실은 이게 깨달음으로 향하는 첫 걸음이다. 김수영 시인은 '모래야, 나는 얼마나 작으냐'라고 한탄하듯 노래했고 프랑스의 철학자 파스칼 Blaise Pascal, 1623~1662 은 '인간은 연약한 갈대에 불과하다'라고 말했다.

왜 내가 모래같이 작은 존재로 여겨지고 연약한 갈대처럼 여겨지는 것일까? 더 큰 것을 보고 더 큰 것을 꿈꾸기 때문이다. 내가 한 없이 작은 존재라고 느낄 수 있는 것은 상대적으로 내 이상이 크기 때문이다. 내가 바라보는 것, 내가 바라는 것이 크기 때문이다. 그래서 파

위기를 비웃어라: 어린왕자와 위기극복의 상상력
중요한 것은 눈에 보이지 않는 법이란다.

스칼은 '인간은 비참한 존재이다. 그러나 동시에 인간은 위대한 존재이다. 인간만이 자신이 비참한 존재라는 것을 알기 때문이다'라고 말했다.

단 한 송이의 장미로도
충분히 빛나는 삶

 자신이 비참한 존재라는 것을 알게 되면 어떻게 되는가? 그 비참함 때문에 절망의 늪에 빠지게 되는가? 아니다. 자신을 훨씬 뛰어넘는 더 큰 존재를 꿈꾸게 된다. 그리고 앞서 말했듯이 더 큰 존재를 향한 꿈 자체가 자신을 한없이 작은 존재로 여길 수 있게 한 것이기도 하다.

 오만함이 인간을 높은 곳으로 이끄는 것이 아니라 겸손함이 인간을 더 높은 곳으로 이끈다. 겸손하게 고개를 숙인 자가 더 높은 것을 보고 있고, 오만하게 고개

위기를 비웃어라: 어린왕자와 위기극복의 상상력
중요한 것은 눈에 보이지 않는 법이란다.

를 쳐든 자가 자기 주변 혹은 자기 발아래만 보게 되는 그런 역설! 깨달음을 향해 길을 떠난 자가 우선 마주해야만 하는 진실이 바로 그 역설이다.

자기가 얼마나 보잘것없는 존재인가를 아는 것, 그것이 바로 삶의 비밀을 깨치는 큰 길로 가기 위한 필요조건이다. 정원 한 곳에 수천 송이의 장미가 피어 있는 것을 보고 흐느끼는 어린왕자! 자신이 얼마나 보잘것없는 존재인가를 알고 흐느끼는 어린왕자! 어린왕자는 그 흐느낌으로 인해 진정한 배움의 길로 들어설 준비를 다 갖춘 셈이다.

어린왕자는 그 배움을 통해 스스로 보잘것없다고 느끼는 자기 자신이, 지금 있는 그대로 더 없이 소중한 존재라는 것을 깨닫게 될 것이다. 단 한 그루의 장미가 세상 전체와도 바꿀 수 없이 소중하다는 것을 알게 될 것이다. 단 한 그루의 장미만으로도 세상 전체를 소유할 수 있음을 알게 될 것이다. 단 한 그루의 장미만으로도 자신의 삶 전체가 의미 있게 빛날 수 있다는 것을 배우게 될 것이다. 그 모든 것을 가르쳐준 스승이 바로 여우이다.

  당신에게 있어서 '단 한 그루의 장미'는 무엇인가?

  지금 바로 곁에 있는 가족이나 친구, 동료일 수도 있고, 그토록 하찮게 여겼던 나의 일상과 직업일 수도 있고, 어쩌면 세상에서 가장 빛나는 존재였을 당신 자신일 수도, 그토록 시시하게 여겼던 당신의 삶 그 자체일 수도 있다. 그렇게 당신만의 장미를 발견할 수 있게 해준 존재, 그가 바로 스승 여우이다. 어린왕자는 그 느낌 끝에 스승 여우를 만난다.

위기를 비웃어라: 어린왕자와 위기극복의 상상력
중요한 것은 눈에 보이지 않는 법이란다.

관계 창조하기,
서로를 길들이기,
창조적인 만남 갖기

 여우는 분명 어린왕자의 스승이다. 그런데 스승치고는 정말 이상한 스승이다. 우선 어린왕자가 먼저 만났던 어른들에 비해 너무 초라하다. 너무 평범하다. 그 어른들처럼 자신이 지닌 후광, 자신이 지닌 이름으로 자신을 포장하지 않는다. 어린왕자가 다른 별에서 왔다고 하니까 거기에는 사냥꾼이 있느냐고 묻는 게 여우이다. 사냥꾼이 없다니까 그러면 닭은 있느냐고 묻는 게 여우이다. 사냥꾼이 없다니까 호기심을 보이다가 닭이 없다니까 한숨을 내쉬는 게 여우이다.

너무 솔직하다. 아무런 감춤 없이 있는 그대로의 자신의 모습을 다 드러낸다. 우리가 일반적으로 생각하는 근엄한 스승의 모습과는 거리가 멀다. 하지만 바로 그것이 제자에게 삶의 비밀을 전수해주는 스승이 갖추어야 할 조건이기도 하다. 제자에게도 조건이 있듯이 스승에게도 조건이 있는 게 깨달음의 길이다. 왜 스승에게도 그런 조건이 필요한가? 그 답은 여우가 어린왕자에게 가르쳐준 삶의 비밀 속에 들어있다.

여우는 어린왕자에게 자신을 길들여달라고 말한다. 친구가 되자는 뜻이다. 어린왕자가 길들인다는 게 무엇이냐고 묻자 여우는 "그건 관계를 창조하는 거야^{créer des liens}"라고 답한다. 영어로 한다면 'create the lines'가 될 것이다. 대개 '관계를 맺는 거야'라고 번역을 하지만 그러면 그 뜻이 살아나지 않는다. 단순히 관계를 맺는 게 아니라 이전에 존재하지 않던 새로운 관계, 새로운 라

위기를 비웃어라: 어린왕자와 위기극복의 상상력
중요한 것은 눈에 보이지 않는 법이란다.

인을 창조하는 것, 그게 서로 길을 들이는 것이다.

라인은 '줄'이다. 우리는 흔히 말한다. 줄을 잘 서야 행운도 잡을 수 있고 출세도 할 수 있다고. 그런데 여우는 '줄을 창조하는 것'이라는 표현을 쓴다. 줄을 선다는 것은 이미 만들어진 관계 속에 들어가는 것을 말한다. 줄을 창조한다는 것은 이전에 존재하지 않았던 새로운 관계를 만든다는 것을 뜻한다. 여우는 "라인을 창조한다"라는 표현을 통해 사람과 사람의 진정한 만남의 의미를 어린왕자에게 가르쳐 준다.

그 줄은 서로 관계를 맺기 이전에는 존재하지 않던 줄이다. 서로 길들이기 위해 함께 한 구체적 시간이 우선 절대적으로 필요한 줄이다. 그 관계는 개인과 개인의 구체적 체험을 통해서만 맺어지는 관계이기 때문이다. 그 관계는 그 구체적 체험 밖에서는 존재할 수 없는 관계이다. 그래서 그 관계는 창조적인 관계가 된다.

그 무언가를 창조한다는 것은 이전에 한 번도 존재하

지 않던 것을 만들어 내는 것을 말하지 않는가. 그러니 그 구체적 체험을 통해서만 존재할 수 있게 된 관계는 그 체험 이전에는 결코 존재하지 않던 관계 즉, 창조적 관계가 된다. 여우가 '관계를 창조하는 거야'라고 말한 것은 그 때문이다. 여우가 어린 왕자에게 "네 장미가 네게 그토록 소중한 것은 네가 그 장미를 위해 너의 시간을 낭비했기 때문이야"라고 말하는 것은 그 때문이다.

왜 낭비인가? 현실적으로 아무런 소득 없이 시간을 써버렸기 때문이다. 하지만 현실적 소득 없이 그 누군가를 위해 시간을 낭비했기에 그 시간은 새로운 관계를 창조하는 의미 있는 시간이 된다. 그러니 그 누군가와 연애를 하면서 연인을 위해 써버린 시간을 아까워하지 말라. 그 누군가가 좋아서 그와 함께 낭비한 시간을 아쉬워 말라! 그 시간은 당신의 삶을 창조적으로 만들어 주는 요술지팡이와 같은 시간일지니!

낭비가 창조로 바뀌는 그런 요술!

위기를 비웃어라: 어린왕자와 위기극복의 상상력
중요한 것은 눈에 보이지 않는 법이란다.

육신의 눈이 아닌 마음의 눈으로, 열린 마음으로 타인과 교류하기

하지만 그것만으로는 불충분하다. 여우는 어린왕자와 헤어지면서 한 가지 비밀을 선물로 준다. 그 비밀이란 '중요한 것은 눈에 보이지 않는다'라는 말이다. 그리고 '눈은 장님이다'라는 말도 전해준다. 우리의 눈은 그 무언가를 보기 위한 기관이다. 그런데 그 눈이 우리를 눈멀게 하다니 대단한 역설이다. 눈은 무엇에 대하여 우리를 눈멀게 하는가? 보다 중요한 것, 보다 근본적인 것에 대하여서이다. 보다 중요한 것, 보다 근본적인 것을 볼 수 있게 되려면 눈을 감아야만 한다. 육신의 눈이 멀어야만 한다.

우리의 육신의 눈이 멀게 되면 무슨 일이 벌어지는가? 바로 마음의 눈, 즉 심안心眼을 뜨게 된다. 서로 길이 들기 위해서는 육신의 눈을 감고 그 마음의 눈으로 만나야 한다. 여우와 어린왕자는 스승과 제자 관계로 만나지만 그들만의 새로운 스승과 제자 관계를 창조하려면 마음으로 만나야 한다.

어떤 마음인가? 바로 열린 마음이다.

열린 마음은 제자인 어린왕자에게만 필요한 것이 아니라 스승인 여우에게도 필요하다. 제자인 어린왕자에게 제 속을 다 내보이는 스승 여우는 제자들 앞에서 '얘들아 나 너희들에게 감추는 거 하나도 없단다.'논어 술이(述而)편 23장 라고 말씀하시는 공자와 다를 바 없다. 그 스승은 제자에게 지식을 전수하는 사람이 아니다. 그 스승은 제자와 열린 마음으로 만나서 새로운 관계를 창조하

위기를 비웃어라: 어린왕자와 위기극복의 상상력
중요한 것은 눈에 보이지 않는 법이란다.

는 사람이다. 여우는 길들인다는 것의 의미를 가르치기 위해 어린왕자와 직접 길들이는 관계를 맺는다. 그래서 그 관계는 창조적인 관계가 된다.

어린왕자가 이미 만나고 온 어른들은 창조적인 관계와는 거리가 먼 삶을 사는 사람들이다. 그 누구와의 진정한 만남이 없는 삶, 어울림이 없는 삶이 창조적인 삶이 된다는 것은 불가능하기 때문이다. 그들은 허울뿐인 자신의 이름을 내세우면서 그 이름 안에 갇혀있다. 이 세상에 자신 홀로 존재하니 무한정 자유로운 것 같지만 실은 그 이름 안에서 꼼짝 못하고 살고 있을 뿐이다. 진정으로 자유롭고 자율적인 삶은 타인과의 교류를 통해서만 가능하다. 그 교류를 통해 스스로 변화할 수 있어야만 가능하다.

어디 그 어른들만 그러한가? 겉으로는 "창조! 창조!"를 부르짖는 우리 모두가 그러하다. 정情이 밥 먹여주나? 어디 사람이 그렇게 깊은 관계를 맺고 사나? 삶은 어차피 홀로가 아닌가? 라는 생각을 당신이 하고 있다면 당신은 어린왕자가 만나고 온 어른들과 조금도 다를 바 없다. 그리고 우리 주변에는 그런 사람이 대부분이다. 그런데 가만 보니 그 어른의 모습은 대학 교수 역할을 하고 있는 나 자신의 모습인 것 같기도 하다. 자기반성을 안 하고 지나칠 수가 없다.

위기를 비웃어라: 어린왕자와 위기극복의 상상력
중요한 것은 눈에 보이지 않는 법이란다.

열린 마음이란 무엇인가, 교수일 것인가, 스승일 것인가

사실상 우리 대학 선생들도 그 이상한 어른들 중의 하나이기는 마찬가지이다. 우리는 학생들에게 창조적 관계의 중요성을 일러주기보다는 이미 만들어진 라인에 들어가는 법이나 열심히 가르치고 있다. 선생과 제자로서의 창조적 관계를 맺기보다는 교수와 학생이라는 이미 만들어진 관계 속에 안주해 있다. 그래, 대학교수인 내가 자기반성을 제대로 하려면 인류의 위대한 스승이신 공자의 말씀을 다시 떠올려야만 하겠다. 앞서 잠깐 말했던 논어 술이편의 말씀이다.

"얘들아 내가 뭘 숨기고 있다고 생각하니? 나, 숨기는 거 아무 것도 없다. 내가 무슨 짓 하고 너희들에게 감춘 적 있니? 그런 거 없어. 난 그런 거 못해. 난 그런 사람이거든. 二三子! 以我爲隱乎? 吾無隱乎爾. 吾無行而不與二三子者, 是丘也."

공자의 인간적인 면을 보여주는 일화이지만 나는 아주 바람직한 스승의 자세를 그 말씀에서 본다. 제자들에게 공자가 어떤 분인가? 한 없이 존경스러운 분이다. 무엇을 물어도 막힘없이 가르침을 주는 분이다. 그 앞에 서면 때로는 발가벗기는 기분이 들게도 하는 분이다. 그러니 아주 두려운 존재이기도 하다. 그래서 그 깊은 속을 헤아리기 정말 어렵다. 공자님은 제자들에게 그 깊이를 알 수 없는 우물이다. 그 무언가 신비스러운 것이 숨겨져 있는 듯이 느껴지는 그런 우물이다.

그런데 공자는 제자들 앞에서 나는 감추는 게 아무 것도 없다고 말씀하신다. 제자들과 가까워지기 위해 짐짓 해본 말씀이 아니다. 그 말씀은 그 자체로 대단한 뒤집기이다. 감추는 게 아무 것도 없기에 오히려 그 속이 한 없이 깊어지는 요술, 자신의 발가벗은 마음을 다 드러내기에 오히려 신비스러운 존재가 되는 요술, 속을 다 보여줄수록 그 속을 알 수 없는 존재가 되는 그런 요술!

스승으로서 공자가 드러내 보여주는 것은 바로 자신의 마음이다. 마음을 모두 드러내 보여주면서 스승은 그만큼 제자와 가까워질 준비가 된다. 제자와 새로운 관계를 창조할 준비가 된다. 스승과 제자가 새로운 관계를 맺으려면 스승과 제자 모두 똑같이 마음의 준비를 해야 한다.

그런데 공자는 거기서 그치지 않고 한 술 더 뜨신다. 공자는 자한 7편에서 "내가 아는 것이 있는가? 나는 무지하다. 吾有知乎哉? 無知也"라는 역설적인 말씀을 하신다. 대단한 거짓말이다. 어디 공자가 정말 아는 게 없으시겠는가? 너무 아는 게 많아서 탈이라면 탈이지 무지할 리가 없다. 그런데 왜 굳이 자신이 무지하다고 강조하시는 것일까? 지식으로 무장한 채 제자를 만나지 않겠다는 뜻이다. 〈맨 마음〉으로 만나겠다는 뜻이다. 공자는 그 말씀을 통해 자신이 결코 제자들에게 지식만을 전하는 스승이 아니라는 것을 강조하고 있다. 지식을 전수해주는 것이 아니라면 과연 스승으로서의 공자는 제자에게 무엇을 해줄 수 있는가?

술이述而편 8장에서 공자님은 "분발심이 없으면 이끌어주지 않고 혼자 껴안고 씨름하는 문제가 없으면 촉발시키지 아니하며 한 부분을 가르쳐서 나머지를 유추할 줄 모르면 반복해서 가르치지 않는다. 不憤不啓, 不悱不發. 擧一隅不以三隅反, 則不復也"는 말씀을 남기신다. 스승으로서의 자신의 역할이란 제

위기를 비웃어라: 어린왕자와 위기극복의 상상력
중요한 것은 눈에 보이지 않는 법이란다.

자를 '이끌고, 촉발시키고, 반복해서 가르치는 것'에 있을 뿐이라는 말씀이다. 그리고 분발심을 갖는 것, 그 무언가 혼자 껴안고 씨름하는 문제를 갖는 것, 유추할 줄 아는 능력을 갖는 것은 오로지 제자의 몫이다.

공자는 왜 제자에게 그런 자질을 요구했는가? 그래야 훈장과 학생의 관계가 아니라 스승과 제자의 관계로서 만날 수 있기 때문이다. 그래야 서로 길들일 수 있는 준비가 될 수 있기 때문이다. 제자가 그런 준비가 되어 있지 않다면 새로운 관계를 창조할 수 없기 때문이다. 그래서 공자도 "'어떻게 할 것인가'하는 자기고민이 없는 자는 나도 어찌할 수가 없다. 不曰如之何如之何者, 吾末如之何也己矣"라는 말씀을 남기신다.

가르치는 이는 지식을 전하기 이전에 마음을 전할 준비를 하고, 배우는 이는 나름대로의 자기 고민을 갖고 만나는 것, 그것이 공자가 전하는 스승과 제자의 창조적인 관계의 출발점이다. 그렇게 만날 때 모든 관계는 새롭게 맺어진 관계가 된다. 그 만남이 없으면 존재할 수 없던 관계가 된다. 지식으로는 그 관계가 맺어지지 않는다. 교수의 권위나 학생의 수동적 태도로는 그 관계가 맺어지지 않는다. 돌아서면 그만인 관계만 잠깐 존재하다가 사라질 뿐이다.

우리 교수들은 가끔 이야기를 나눈다. 요즘 학생들이 너무 약고 이기적이라고. 너무 쉽게 학점 따는 데만 몰두해 있다고. 어느 정도 사실일 수도 있다. 하지만 학생들을 탓하기 전에 학생들을 그렇게 유도한 것이 바로 교수들 자신이 아닌지 먼저 스스로에게 물어야 할지도 모른다. 공자와는 반대로, 많이 아는 것을 자랑으로 삼고 교수로서의 권위만 내세운 것은 아닌지, 지식만 전하면서 이미 만들어진 라인에 들어가는 법만 가르치려 했을 뿐 〈맨 마음〉으로 만나서 새로운 관계를 맺으려는 노력은 과연 해보았는지, 모든 게 귀찮아서 자기 고민이 있는 학생을 오히려 멀리 하지나 않았는지 물어야 할지도 모른다. 그런 다음에 공자처럼 "자기 고민이 없는 자는 나도 어쩔 수 없다"라고 한탄해도 탓할 사람 아무도 없다.

서로에게 단 하나뿐인 존재가 되기,
이 세상 전체를 행복으로 물들이기

    어린왕자와 여우는 제자와 스승의 관계이다. 어린왕자는 자기 고민을 가지고 여우를 만났으니 공자 말씀대로 제자로서의 자격을 갖춘 셈이다. 여우는 열린 마음으로 어린왕자를 대하니 스승으로서의 자격을 갖춘 셈이다. 그래서 그 둘은 서로 길이 든다. 새로운 관계를 창조한다.

    여우는 어린왕자와 새로운 관계를 창조했다. 어린왕자는 여우와 관계를 맺으면서 중요한 것은 눈에 보이지

위기를 비웃어라: 어린왕자와 위기극복의 상상력
중요한 것은 눈에 보이지 않는 법이란다.

않는다는 것, 자신의 장미가 그토록 소중한 것은 자기가 그 장미를 위해 낭비한 시간 때문이라는 것을 배운다. 그리고 자신이 길들인 것에 대해 자신은 영원히 책임이 있다는 것을 배운다. 얻은 게 많다.

그렇게 새로운 관계를 맺고 둘이 헤어질 때가 되자 여우는 눈물을 보인다. 어린왕자는 여우에게 말한다.

"네가 먼저 길들여달라고 했잖아, 그런데 너는 울먹이고 있잖아, 그렇다면 너는 얻은 게 하나도 없잖아."

이렇게 시간을 허비하면서 서로 길을 들여 봤자 도대체 구체적으로 얻은 게 무엇이냐는 질문이다. 왜 길을 들여야 하는지, 라는 질문이다. 그런데 그 질문에 대한 답은 둘이 서로 길들이기 전에 이미 여우가 들려준 것이기도 하다. 우선 서로가 서로에게 단 하나뿐인 존재가 될 수 있다는 것.

"네가 만일 나를 길들이게 되면 우리는 서로를 필요로 하게 될 거야. 너는 내게 이 세상에서 단 하나뿐인 존재가 되는 거지. 나는 네게 이 세상에서 단 하나뿐인 존재가 되는 거지."

어린왕자는 여우와 길을 들이면서 그것을 스스로 깨닫는다. 그래서 다시 장미들을 보게 되자 그들을 향해 이렇게 말할 수 있게 된다.

"너희들은 아름다워. 하지만 너희들은 비어 있어. 아무도 너희들을 위해 죽을 수 없어. 나의 그 장미 한 그루, 그것 단 한 그루만으로도 너희들 모두 보다 내게는 더 소중해."

장미와 길을 들임으로써 그 장미는 어린왕자에게 이 세상에서 단 하나뿐인 장미가 될 수 있었다는 것을 깨닫는 것! 단 한 그루의 장미, 무릎 높이까지 밖에 오지 않는 보잘 것 없는 세 개의 화산만으로도 얼마든지 이 세상 전부와도 바꿀 수 없는 소중한 것을 소유한 위대한 왕자가 될 수 있다는 것을 깨닫는 것!

중요한 것은 그 누구, 혹은 그 무언가와 길들이는 관

위기를 비웃어라: 어린왕자와 위기극복의 상상력
중요한 것은 눈에 보이지 않는 법이란다.

계를 창조하면서 사는 것이지, 화려한 것을 소유하는 것이 아님을 깨닫는 것! 그것이 어른들과는 다른 눈으로 세상에 나간 어린왕자가 제일 먼저 배운 것이다.

하지만 서로 길이 들게 되면서 얻게 되는 것은 그것만이 아니다. 여우는 이어서 말한다.

"저기 멀리 밀밭이 보이지? 나는 빵을 먹지 않아. 밀은 내게 아무 소용이 없어. 밀밭은 내게 그 아무 것도 떠올리는 게 없어. 그건 슬픈 일이야. 그런데 네 머리칼은 금발이야. 그러니 네가 나를 길들이게 되면 정말 멋진 일이 벌어질 거야. 황금빛의 밀밭은 너를 떠올리게 할 거거든. 그러면 나는 밀밭의 바람 소리를 사랑하게 될 거야."

누군가와 깊은 관계를 맺고 서로에게 단 하나뿐인 존재가 될 수 있는 경험은 너무나 소중한 경험이다. 그런데 그 경험이, 이 세상 단 하나뿐인 나만의 존재를 가질 수 있게 된 그 경험이 요술을 부린다. 단 하나뿐인 존재를 갖게 되었다는 기쁨과 행복이 세상 전체를 바꾸게 해주는 것이다.

그 경험은 단순한 경험이 아니다. 자기 자신을 그 경험을 하기 전의 나와는 전혀 다른 존재로 바꾸어 놓는 경험이다. 거창한 단어를 쓰면 존재의 전환 같은 경험이다. 그 누군가를 사랑하기 전의 나와 깊은 사랑을 경험한 후의 나는 그 얼마나 다른 존재인가? 얼마나 큰 존재의 전환을 경험하게 된 것인가.

그런데 그 존재의 전환을 통해 놀라운 일이 벌어진다.

위기를 비웃어라: 어린왕자와 위기극복의 상상력
중요한 것은 눈에 보이지 않는 법이란다.

> 중요한 것은 눈에 보이지 않는 법!
나는 내가 길들인 존재에게
책임이 있다-!

    여우는 이전에 자신에게 아무 의미도 없이 바라보았던 밀밭을, 밀밭에 부는 바람을 사랑할 수 있게 될 거라고 말한다. 그것은 이전에 나와는 무관한 것처럼 여겨졌던 이 세상 전체를 사랑하게 된 것과 마찬가지이다. 이전에 무심코 바라보기만 했던 모든 것들에게 의미를 부여할 수 있게 된 것과 마찬가지이다.

    그러니 누군가가 새롭게 맺은 창조적인 관계는 둘 사이의 관계로 그치지 않는다. 나와 세상 전체를 새로운 관계로 맺어지게 한다. 그 창조적인 관계로 인해 새롭게 생긴 사랑이 세상 전체를 향해 열린다.

누군가를 진정으로 깊이 사랑해보아라. 금방 세상 전체가 사랑스러워질 것이니. 누군가를 사랑하는데 그 사랑이 세상 전체를 향하여 열리지 않는다면 그 사랑을 의심하라. 서로가 서로에게 이 세상 단 하나뿐인 존재가 되는 진정한 사랑은 이기적인 닫힌 사랑이 아니라 필히 세상을 향해 열릴 수밖에 없는 사랑이니!

내가 바뀌니까 세상 전체가 바뀐다. 그러니 세상을 온통 바꾸고 싶다면 내가 바뀌어야 한다. 그 커다란 진리를 여우는 어린왕자에게 가르쳐 준 것이다.

여우와의 길들임을 통해 어린왕자는 삶의 비밀을 깨친다. 중요한 것은 눈에 보이지 않는다는 것, 나는 내가 길들인 존재에 대해 책임이 있다는 비밀을 깨친다. 그렇게 삶의 비밀을 깨친 모습으로 어린왕자는 화자 앞에 나타난다. 극적인 대면이다. 둘 다 내 속에 들어 있

위기를 비웃어라: 어린왕자와 위기극복의 상상력
중요한 것은 눈에 보이지 않는 법이란다.

는 나의 모습이지만 성격이 전혀 다르다. 현실 속의 나는 지리, 역사, 산수, 문법을 배워 똑똑한 어른이 된 '나'이다. 어린왕자는 어릴 때의 순진한 질문, 그러나 꿈과 이상과 함께 하는 질문을 갖고 세상에 나가 삶의 비밀을 깨친 '나'이다. 더 쉽게 표현하자.

한 쪽은 공부 열심히 해서 실력이 뛰어나다. 당장 위기의 순간에서 벗어날 수 있는 기술도 가지고 있다. 살려는 의지도 충만하다. 다른 한 쪽은 '사는 게 무엇인가?'라는 근본 질문을 통해 내공이 쌓였다. 내가 왜 살아야 하는지의 궁극적 질문을 절체절명의 순간에도 놓지 않는다. 그 둘이 현실적으로 사느냐 죽느냐의 절체절명의 순간에 만나 대립하고 대결한다. 과연 누가 이길까? 과연 누가 화자를 그 위기에서 구해줄 것인가?

chapter

4

위기를 비웃어라!

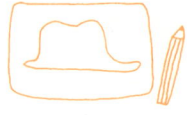

어린왕자와 위기극복의 상상력

깨달음으로 가는 첫 관문, '어른처럼 말하는' 스스로가 부끄러워지다

    죽느냐 사느냐의 기로에 서 있는 화자에게 어린왕자는 정말 귀찮은 존재이다. 마실 물도 떨어져 가고 비행기 고장도 점점 심각하게 여겨지는 마당에 정말 엉뚱한 요구만 하고 엉뚱한 질문만 한다. 살아남을 체력이 바닥이 나는 판이며 자신의 수리기술도 의심스러워지는 판에 하나도 도움이 되지 않는 질문만 한다.

    "양이 어린 나무들을 먹는다면 꽃들도 먹어? 가시달린 꽃도 먹어? 그럼 그 가시는 어디에 쓰는 거야?"

위기를 비웃어라: 어린왕자와 위기극복의 상상력
위기를 비웃어라!

화자가 보기에 정말 하찮은 질문이다. 그래서 아무렇게나 대답한다. 그리고는 "난 지금 정말 심각한 일을 하고 있거든"이라고 답한다. 철없는 아이가 하찮은 질문으로 어른들을 귀찮게 하는 것과 똑같은 형국이다. 어른들은 누구나 손사래를 치며 저리가라고 말할 것이다.

그러자 어린왕자가 화를 내며 일갈한다.

"아저씨 꼭 어른들처럼 말하네."

자신이 보통 어른들과는 그래도 다르다고 믿고 있던 화자로서는 아주 충격적인 일갈이다. 나는 그래도 어릴 때 그린 그림을 주머니에 넣고 다니던 사람인데……. 어릴 때의 꿈을 완전히 잃어버린 사람이 아닌데……. 조금 부끄러워질 수밖에 없다. 그 부끄러움이 깨달음으로 가는 첫 관문이다.

그런데 어린왕자는 화가 머리끝까지 나서 가차 없이 말을 잇는다.

"아저씨는 모든 것을 혼동하고 있어. 아저씨는 모든

것을 뒤죽박죽으로 만들고 있어!"

무엇이 정말 중요한 일인지, 근본적인 일인지 혼동하고 있다는 말이다. 비행기 수리를 마치고 어떻게 해서든 살아 돌아가야 한다는 것이 중요한 일인지, 그 절박한 순간에도 삶의 의미, 삶의 비밀을 묻는 것이 중요한 일인지 혼동하고 있다는 말이다. 수천 년 동안 꽃들은 가시를 만들어 왔고 그럼에도 불구하고 양이 장미를 먹어온 지 수천 년이 되었거늘, 꽃들이 왜 그 아무 짝에도 소용없는 가시를 그렇게 공들여 만들어 왔는지 궁금해하는 게 중요하지 않느냐는 말이다.

게다가 그 꽃은 어린왕자에게 세상 전부이기도 하다. 양이 그 꽃을 먹느냐 아니냐에 따라 세상 모든 별이 꺼지기도 하고 켜지기도 하는 것인데 그게 중요하지 않느냐는 말이다. 그 말끝에 어린왕자는 흐느낀다. 그리고 나는 부끄러움을 느낀다. 지금 이 순간 내가 손에 쥐고 있는 망치, 내가 마주하고 있는 죽음, 그것보다는 내 앞에서 흐느끼는 어린왕자를 달래주는 것이 그 무엇보다 중요하다고 느껴진다.

지금 내 눈 앞에는 그 무엇보다 내가 달래 주어야할 어린왕자, 그러나 어떻게 달래주어야 할 지 알 수 없는 그런 어린왕자가 있었던 것이다. 그 신비스러운 눈물의 나라로 어떻게 해야 가까이 갈 수 있을 것인지!

가장 소중하게 여겼던 것들이
하찮게 여겨지는 순간이 오다.
"나는 내 망치와 죽음과 갈증을
한껏 비웃었다."

화자는 자신의 연장을 내려놓는다. 그리고 이렇게 쓴다.
"나는 나의 망치와 나사못과 갈증과 죽음을 한껏 비웃었다. 내게는 위로해주어야 할 어린왕자가 있었던 것이다."

그 순간까지 자신이 가장 소중하게 여겼던 연장들이 하찮게 여겨지는 순간이다. 자신이 가장 절박하게 생각했던 갈증과 죽음까지도 하찮게 여겨지는 순간이다. 그 연장들이란 무엇인가? 그 위기에서 나를 벗어날 수 있

위기를 비웃어라: 어린왕자와 위기극복의 상상력
위기를 비웃어라!

게 해줄 도구들이 아닌가? 갈증과 죽음은 무엇인가? 내가 어떻게 해서라도 빠져나와야 할 난관이며 위기가 아닌가? 그런데 그것들을 비웃다니? 그렇다면 삶을 포기하는 것인가? 이 위기를 극복하고 살아 돌아가려는 의지 자체를 비웃고 조용히 죽음을 맞이하게 되는 것인가? 아니다. 그것들을 비웃는 순간, 그 위기를 더 큰 틀에서 보는 눈이 생긴다. 그것들을 비웃는 순간, 내가 살아 돌아가야 하는 진정한 이유가 생긴다. 그 진정한 이유가 내게 더 큰 힘을 준다.

하지만 나의 망치와 나사못과 갈증과 죽음을 한껏 비웃는 것만으로는 아직 불충분하다. 화자는 잠시 나사못과 갈증과 죽음을 한껏 비웃었지만 완전히 깨달음을 얻은 것이 아니다. 그래서 그에게는 아직 비행기 수리하는 일이 무엇보다 절박한 일로 여겨진다. 어린왕자가 "내 친구 여우는……"이라고 말하자 "지금 여우 따위가 문제가 아냐, 목말라서 죽을 판이거든"이라고 말하는 것이 화자이다. 그는 아직 "죽음을 눈앞에 두고 있더라도 친구가 있다는 것은 좋은 일이야"라는 어린왕자의 말을 제대로 이해하지 못한다.

 하긴 우리들 그 누군들 그렇지 않겠는가. 좋은 이야기를 듣고, 좋은 책을 보고 자신의 삶을 한 번 부끄럽게 돌아본 후에라도 돌아서거나 책을 덮으면 다시 일상의 자기로 돌아오기 마련 아닌가? 더욱이 자신이 지금 위기에 직면해 있다면 더 말할 나위도 없다. 작품 속의 '나'도 어린왕자에게 감응하여 잠깐 자신을 비웃었지만 다시 자신의 현실로 돌아온다. 그가 진정으로 깨달음에 도달하려면 어린왕자가 스승 여우의 가르침을 필요로 했듯이 어린왕자의 인도가 필요하다. 그 무언가를 어린왕자와 함께 구체적으로 체험해야 한다.

**대체 내가 왜 그렇게
고통스러워했단 말인가!
보이지 않는 꿈을 통해 삶 전체가
아름다워진다는 깨달음을 얻다!**

어린왕자와 화자는 사막에서 물을 찾아 나선다. 그러자 기적 같은 일이 벌어진다. 도르레와 두레박이 완벽하게 갖추어진 마을에나 있음직한 우물을 사막에서 발견한 것이다. 그 물은 상상 속의 물이다. 상상 속의 물이니까 완벽한 모습을 하고 있다. 화자가 두레박을 들어올려 어린왕자에게 그 물을 먹여주자 어린왕자가 말한다.

"내가 마시고 싶어 했던 것은 바로 이 물이야."

그러자 화자는 어린왕자가 찾고 있던 것이 무엇인지

를 단 번에 이해하게 된다. 그 물은 바로 어린 시절 화자가 포기했던 꿈, 보이지 않는 소중한 것, 감추어져 있기에 주변을 더 환하게 만드는 것 바로 그것이다.

화자의 그 깨달음에 화답하듯 어린왕자는 "사막을 그렇게 아름답게 만드는 것은 거기 어딘가에 우물이 숨어 있기 때문이야"라고 말한다.

화자는 어린왕자와 함께 그 물을 마신다. 그리고 사막이 아름답다는 것을 발견한다.

'동틀 무렵, 사막은 꿀 색깔을 하고 있다. 나는 이 꿀 색깔을 보고도 행복했다. 내가 왜 그렇게 고통스러워했단 말인가'

내가 왜 그렇게 고통스러워했단 말인가! 여기에 화자의 깨달음의 핵심이 숨어 있다. 제 아무리 고통스러운 순간이라도 삶은 아름답다는 것, 그 삶이 아름다운 것은 보이지 않는 곳에 그 무언가 소중한 것이 숨어 있기 때문이라는 것, 그 보이지 않는 곳에 우리의 꿈이 존재하기 때문이라는 것을 깨닫는 것이다. 보이지 않는 우물의 존재로 인해 사막 전체가 아름다워진다. 보이지 않는 꿈으로 인해 우리의 삶 전체가 아름다워진다. 그것이 화자의 깨달음이다. 그래서 화자는 어린왕자에게 말한다.

"그래, 집이건 별이건 사막이건 그것들을 아름답게 하는 것은 눈에 보이지 않는 것이지."

그러자 어린왕자는 "아저씨가 내 여우와 같은 생각을 하게 되어서 기뻐"라고 말한다. 스승인 어린왕자가 제자인 화자에게 이제 더 가르칠 게 없으니 하산해도 된다는 허락을 내린 것과 마찬가지이다. 그 허락과 함께 어린 왕자는 자신의 별로 돌아간다. 그리고 화자는 무사히 귀환한다. 아무런 희망도 없어 보였던 비행기 수리를 무사히 마치고…….

위기를 비웃어라: 어린왕자와 위기극복의 상상력
위기를 비웃어라!

위기 극복의 상상력 하나,
내가 길들인 사람들을 향한 책임감

　어린왕자는 "나는 내가 길들인 장미에 대해 책임이 있어"라는 말을 남기고 자신의 별로 돌아간다. 생텍쥐페리는 어린왕자를 왜 자신의 별로 돌려보낸 것일까? 어린왕자 자체가 보이지 않는 존재이기 때문이다. 어린왕자 자체가 자신의 삶을 아름답게 해줄 수 있는 감추어져 있는 존재이기 때문이다. 그는 보이지 않음으로 해서 화자의 꿈과 이상이 될 수 있기 때문이다.

　그 꿈이 화자에게 지구로 돌아올 수 있는 힘을 준다.

화자 역시 자신이 길들인 사람들에게 책임이 있기 때문이다. 그를 지구로 돌아올 수 있게 해준 것은 삶의 맹목적 의지도 아니고 비행기 수리 기술도 아니다. 바로 그들을 향한 책임감이다.

생텍쥐페리가 에어프랑스 사에 입사해 비행사로 활약하던 1934년 그는 파리-사이공 비행기록을 세우기 위해 이집트로 출발한다. 그러나 12월 30일 카이로에서 200Km 떨어진 지점, 리비아 사막에 불시착하는 사고를 겪는다. 동료들은 모두 그가 죽었다고 생각했지만 5일간 사막을 걸은 후에 극적으로 구조된다. 그는 이듬해 출간 된 『인간의 대지』에서 자신에게 무사히 귀환할 수 있는 힘을 준 것은 사랑하는 친구들, 친지들을 향한 책임감 덕분이라고 직접 쓴 적이 있다.

우리는 그 책임감이라는 단어를 사랑이라고 바꾸어도 되리라. 그 위기에서 빠져나오기 위해서는 나의 생명을 소중히 여기는 삶의 의지도 필요하다. 기본 체력

위기를 비웃어라: 어린왕자와 위기극복의 상상력
위기를 비웃어라!

도 필요하다. 그런 것이 없다면 그냥 손을 놓고 주저앉아 버리지도 모른다. 아무런 대책도 세우지 않고 그냥 손을 놓고 있을 수밖에 없을지도 모른다.

하지만 그런 능력은 한계가 있다. 맹목적 삶의 의지는 어느 순간 시들어버릴지도 모르고, 체력은 어느 순간 바닥이 날지도 모른다. 맹목적 삶의 의지는 거꾸로 나를 절망에 빠지게 할지도 모르고, 고갈되어버릴 수밖에 없는 체력은 거꾸로 사태를 부정적으로만 보게 만들지도 모른다. 그것들은 내가 지금 처하고 있는 위기를 더욱 심각하고 큰 것으로 여기게 만들지도 모른다. 자신이 지금 도저히 탈출이 불가능한 늪에 빠진 것이라고 생각하게 만들지도 모른다. 그래서 그 위기에 더 깊이 빠져들게 할지도 모른다.

그런데 내가 길들인 사람들을 향한 책임감과 사랑이 그 위기를 위기가 아닌 것으로 만들어준다. <mark>내가 길들인 사람들을 향한 책임감이 그 위기 자체를 하찮은 것으로</mark>

위기를 비웃어라: 어린왕자와 위기극복의 상상력
위기를 비웃어라!

여기게 해준다. 이게 가장 중요한 첫 번째 변화이다.

그 위기를 하찮은 것으로 여기면 어떤 일이 벌어지는가? 그 위기를 더 큰 틀에서 볼 수 있게 된다. 그래서 그 위기가 작게 여겨질 수 있다. 위기 자체가 작아지면 어느 정도 안도의 숨을 쉴 수 있게 되는 것 아닌가?

위기 극복의 상상력 둘,
절망하는 자신을 비웃을 수 있는 힘, 긍정의 힘

질베르 뒤랑 Gilbert Durand 1921~2012 이라는 프랑스의 철학자는 인간이 죽음을 의식하는 유일한 동물이라고 말했다. 그리고 그것이 인간의 상상력의 출발이라고 말했다. 인간만이 다른 동물과는 달리 누구나 맞이할 수밖에 없는 죽음을 있는 그대로 받아들이지 않고 상상력을 통해 변형시킨다는 것이다.

인간은 상상력을 통해 죽음을 삶의 끝으로 받아들이지 않고 그 너머까지 볼 수 있게 된다. 인간은 상상력을

위기를 비웃어라: 어린왕자와 위기극복의 상상력
위기를 비웃어라!

통해 실제로 경험할 수 없는 세계까지도 경험하고 볼 수 있게 된다. 인생의 시작을 물리적 탄생과 죽음으로 보는 사고에서 벗어나 새로운 사고의 틀을 마련하게 될 수 있다. 세상 모든 종교가 바로 그러한 상상력의 결과라는 것은 더 말할 필요가 없다.

위기를 하찮은 것으로 비웃을 수 있게 된다는 것은 상상력을 통해 위기 너머를 보게 된다는 것을 뜻한다. 그리하여 이전에 보이지 않던 것을 볼 수 있는 눈이 생긴다. 보이지 않던 것을 볼 수 있는 눈이 생기니까 위기에서 탈출할 수 있는 새로운 방법을 찾을 수 있다.

종교적 믿음의 궁극인 초월자 하느님은 좀처럼 현실에 그 모습을 드러내지 않는다. 초월자는 기본적으로 비현실적인 존재이다. 그러나 초월적인 존재는 언제나 우리에게 새로운 눈과 힘을 준다. 그래서 마치 기적 같은 일이 벌어질 수 있게 해준다. 그것이 바로 비현실적인 존재의 현실적인 힘이다. 현실이 상상력을 낳는 것이 아니라 상상력이 현실을 바꿀 수 있게 해 준다.

『어린왕자』에서 '나'를 위기에서 벗어나게 해준 것은 바로 그 상상력의 기적 같은 힘이다.

『어린왕자』 작품에는 화자가 비행기를 수리한 이야기는 구체적으로 나오지 않는다. 단지 어린왕자가 "아저씨, 비행기 고장을 수리할 수 있게 되어서 기뻐. 아저씨도 집으로 돌아갈 수 있겠네"라고 말하는 대목이 나올 뿐이다. 아무런 희망이 없어 보였던 비행기 수리를 무사히 마쳤다는 이야기를 어린왕자에게 해주려 했는데, 그가 이미 알고 있었다는 데 대해 놀라는 모습만 나올 뿐이다. 왜 그랬을까? 비행기 수리가 가능했던 것이 기적 같은 힘 덕분이라는 사실을 강조하기 위해서가 아닌가? 지극히 현실적인 기술 덕분만은 아니라는 것을 강조하기 위해서가 아닌가? 도대체 그런 절망적 상황에서 살아 돌아올 수 있던 이유는 말로 설명이 될 수 없기 때문이 아닌가?

위기를 비웃어라: 어린왕자와 위기극복의 상상력
위기를 비웃어라!

그 기적을 가능하게 한 것은 무엇일까? 단호하게 말하자. 바로 긍정의 힘이다. 위기 앞에서 절망하지 않는 긍정의 힘이다. 어린왕자와 함께 우물을 발견한 화자가 "내가 이제까지 왜 이렇게 고통스러워했지?"라며 이전까지의 자신을 비웃듯이, 위기 앞에 절망하는 자신을 비웃을 수 있는 힘 그것이 바로 긍정의 힘이다.

위기를 맞이하고도 행복해 할 수 있는 힘 그것이 바로 긍정의 힘이다. 그 긍정의 힘을 가질 수 있게 하는 것이 바로 사랑하는 이들을 향한 책임감이다. 그리고 그 긍정의 힘이 자신을 행복하게 해준다.

위기 앞에 절망하는 자신을 비웃고 행복해질 수 있는 긍정의 힘, 그것이 바로 무한한 에너지의 원천이다.

위기를 비웃으면서 거꾸로 위기 극복의 힘과 에너지가 새롭게 생기는 것, 그것이 바로 『어린왕자』에서 우리가 길어낼 수 있는 상상력이다.

> 당신 안에 살고 있을
> 어린왕자를 만나라!

    우리는 살면서 성공도 하고 실패도 경험하게 된다. 경제적으로 큰 실패를 맛볼 수도 있다. 그러나 그 실패를 맞이하는 자세에는 천양지차가 있을 수 있다. 우리가 경제적인 부의 획득만을 목표로 살아왔다고 치자. 경제적으로 큰 성공을 거두더라도 나중에는 좀 허망해질 수가 있다. 경제적 가치 외에는 다른 목표와 꿈이 없었으니 그 목표를 이룬 다음에는 목표가 사라질 것이고 목표가 없는 삶이 허망해질 것은 자명한 이치이다.

실패했을 경우는 어떻게 되는가? 경제적 부의 획득만을 목표로 살아왔는데 실패를 하게 되면 탈출구가 없다. 삶의 모든 의미를 잃은 것으로 착각하고 절망하기 쉽다. 삶을 더 크게, 다르게 보는 눈을 키우지 못해서이다. 그 눈을 키우지 못한 채 거기에서 벗어나려고 발버둥 치면 칠수록 오히려 더 깊이 어려움에 빠질 수도 있다. 그러나 삶을 달리 보는 눈을 갖게 되면 모든 것이 달라진다. 좀 심하게 말하자면 경제적으로 회복이 안 되어도 별로 절망을 안 한다. 그게 그렇게 절망할 일이 아니기 때문이다. 그 순간 거기서 벗어날 수 있는 힘을 얻게 되는 역설!

성공과 실패는 양자택일의 문제가 아니다. 현실과 꿈도 마찬가지로 양자택일의 문제가 아니다. 꿈은 현실을 외면하게 만드는 것이 아니라 새로운 현실을 창조한다. 꿈은 지금 처한 현실에 맹목적으로 몰입해 있는 나를 비웃게 만들면서 내 눈 앞에 전혀 새로워진 현실을 펼쳐준다. 그게 현실을 창조하는 꿈의 기능이다. 꿈은 이미 이루어진 현실적 목표를 더 멀고 길게 추구하도록 하는 것이 아니다. 새로운 현실을 창조하는 것만이 진정한 꿈의 기능이다. 위기를 비웃는 나는 바로 꿈이 있는 나이다. 위기를 맞이한 순간 내가 그 위기를 비웃을 수 있는 것은 내게 더 큰 꿈이 있다는 증거이다.

내가 그 위기를 비웃을 수 있는 것은 단 한 가지 목표만으로 세상을 살아온 것이 아니라는 증거이다. 내가 그 위기를 비웃을 수 있는 것은 내게 내공이 쌓였다는 증거이다. 나와 내 삶 전체를 더 큰 틀에서 볼 수 있다는 증거이다.

그러니 『어린왕자』 작품 끝에서 화자가 권하고 있듯이 당신이 만일 홀로 어려운 상황에 처한다면, 당신 속의 어린왕자를 만나기 위해 노력하라. 그 고독 속에서 내가 길들인 것들을 향한 책임감을 느끼고 그들을 향한 사랑을 더 깊이 느끼도록 노력해라. 그러면 당신은

위기를 비웃어라: 어린왕자와 위기극복의 상상력
위기를 비웃어라!

삶의 비밀에 더 가까이 갈 수 있으리니. 당신은 보이지 않는 것을 볼 수 있으리니. 당신은 당신 스스로를 작게 만들고 비웃으면서 당신의 삶 전체를 환하게 빛나는 것으로 만들 수 있으리니······.

> Epilogue.
> 마음으로 세상을 보면
> 이전에는 보이지 않던 것을
> 볼 수 있게 된다.

 쾌 오래 전에 어느 스포츠 신문에서 재미있는 기사를 본 적이 있다. 영국에서 뛰고 있는 축구 선수 이청용의 인터뷰 기사 내용이었다. 영국 프리미어 리그에 데뷔해 한 해를 뛴 뒤, 낯선 땅에서 처음 접한 외국인 선수들을 보고 느낀 바에 대한 이야기였다.
 "재주 있는 애는 하나도 무섭지 않아요. 성실한 애도 얼마든지 따라 잡을 수 있어요. 그런데 즐기면서 축구 하는 애는 정말 따라가기 힘들어요."

정확하지는 않지만 대충 그런 내용이었다.

나는 그 기사를 보고 이청용 선수가 정말 대단하다고 생각했다. 공자도 그 비슷한 이야기를 했으니 우리나라의 젊은 축구 선수 입에서 공자님 말씀이 나온 셈이다. 실은 너무나 널리 알려진 이야기이긴 하지만…….

공자는 『논어』 옹야 18편에서 "아는 자는 좋아하는 자만 못하고 좋아하는 자는 즐기는 자만 못하다. <u>知之者, 不如好之者, 好之者, 不如樂之者</u>"라고 말씀하셨다. 자기가 좋아하는 일을 찾아서 하는 게 중요하다는 충고를 할 때에 가끔 써먹히는 아주 유명한 말씀이다. 그런데 그 내용이 그리 만만치 않다. 어찌 보면 『어린왕자』라는 작품이 전하는 속 깊은 메시지가 그 말씀 하나에 모두 압축되어 있는 것 같기도 하다.

세상 살면서 이 세상이 어떻게 돌아가는지 아는 것, 아주 중요하다. 자기가 좋아하는 것을 찾는 것도 아주 중요하다. 이 세상이 어떻게 돌아가는지 아무 것도 모르고 지내다 보면 바보가 되기 십상이다. 자기가 좋아하는 것 찾아보지도 않고 그냥 되는대로 세상 살다보면 삶이 너무 무미건조해진다. 그런데 공자는 그 모든 것이 즐기는 것만 못하다고 말씀하신다. 무슨 뜻인가?

공자의 말씀을 좀 쉽게 이해하기 위해 '아는 것', '좋아하는 것', '즐기는 것' 앞에 '삶'이라는 목적어를 갖다 놓아보자. 그렇다면 '사는 게 뭔지 아는 것', '삶을 좋아하는 것', '삶을 즐기는 것'이 된다. 그렇게 써놓으니 뭔가 조금 명확해지지 않는가?

『어린왕자』작품 속 어린 시절의 '나', 정글의 삶에 대해 호기심을 갖고 보아 구렁이 그림 1호와 2호를 그린 '나'는 삶을 '좋아하는 나'이다. 자기가 좋아하는 것 외에는 눈에 들어오지도 않는 '나'이다. 그렇게 사는 '나'를 '사는 게 뭔지 아는 나' 쪽으로 방향을 틀어버리게 만든 것이 바로 어른들이다. 세상 살면서 자기가 좋아하는 것만 찾다가는 쪽박 차기 십상이니 정신 똑바로

위기를 비웃어라: 어린왕자와 위기극복의 상상력
Epilogue

차리라고 충고한 것이 바로 어른들이다. 베짱이처럼 놀기만 하면 어떻게 하느냐, 개미처럼 부지런히 공부를 하라고 충고한 것이 바로 어른들이다.

그런데 공자는 거꾸로 말씀하신다. 정신 똑바로 차리고, 과연 산다는 게 뭔지 알려고 하는 것 보다는 자기가 좋아하는 것을 열심히 찾아 노는 게 더 낫다고 말씀하신다. 개미보다 베짱이가 더 낫다고 말씀하신다. 좋아하는 것만 눈에 들어오는 어린아이가 철이 든 어른보다 낫다고 말씀하신다. 왜 그런가? 그 무언가를 좋아하는 것이 세상을 즐기는 길에 가까이 있기 때문이다.

우리가 그 무언가를 정확히 알려면 머리를 써야 한다. 냉정해져야 한다. 대상과 거리를 두어야 한다. 반대로 그 무언가를 좋아하려면 감성, 감정에 호소해야 한다. 대상과 거리를 줄여야 한다. 그렇지만 공통점도 있다. 그 무언가를 알려고 하건 그 무언가를 좋아하려고 하건 여전히 중심은 자기 자신이다. 그 무언가를 알려면 내가 중심이 되어 냉정하게 대상을 바라보고 분석해야 한다. 그 무언가를 좋아하려면 자기 자신의 주관적 감성과 감정을 대상에 이입해야 한다. 머리는 냉정하고 감정은 변덕이 심하다. 모두 자기중심적이다.

그런데 즐기는 것은 다르다. 그 무언가를 진정으로 즐기려면 마음을 써야 한다. 마음은 대상에 몰입한다. 대상과 하나가 된다. 삶을 즐기려면 삶과 거리가 없어진다. 내가 삶의 주체가 되면서 동시에 삶과 하나가 된다. 삶의 즐거움, 고통과 함께 한다. 머리에서 감정으로 감정에서 마음으로 옮아갈수록 대상과의 거리가 좁혀진다.

더 쉬운 예를 들어보자. 배우자를 만날 때 이것저것 조건을 따지는 것은 머리가 하는 일이다. 내가 좋아하는 사람 쉽게 만났다가 쉽게 헤어지는 것은 감정이 하는 일이다. 한 번 정을 주면 쉽게 헤어지지 못하고 동고동락하는 것은 마음이 하는 일이다. 즐김, 즉 낙樂의 상

위기를 비웃어라: 어린왕자와 위기극복의 상상력
Epilogue

태에서 사람은 대상과 하나가 되어 어울린다. 일체감을 느낀다.

『어린왕자』에서 여우는 어린왕자에게 길들인다는 것은 서로 한 몸이 되는 것이라는 것을 가르쳐 준다. 진정으로 삶을 즐기는 방법을 가르쳐준 셈이다. 이어서 여우는 중요한 것은 마음으로밖에 볼 수 없음을 가르쳐준다. 삶을 즐기려면 마음으로 세상을 보아야 함을 가르쳐준 셈이다.

사람들은 분명 자신이 무지한 것을 가장 부끄러워한다. 하지만 좋아하는 것이 없음이 무지함보다 더 큰 결함이다. 좋아하는 것이 없다는 것은 아예 대상과 만날 준비가 안 되었다고 보면 된다. 공자가 누누이 강조한 것이 좋아하는 것이 있어야 알고 싶은 욕망도 생긴다는 것이다. 좋아하는 것 자체, 그것이 그 무언가를 알고 싶은 태도를 낳는다. 하지만 정작 부끄러워해야 할 큰 결함은 함께 괴로워하고 즐거워할 대상이나 사람이 없다는 것, 바로 그것이다.

어린왕자가 세상에 나가 배운 것이 바로 삶을 즐기는 법이다. 삶을 진정으로 즐기는 법을 배우고 나니, 삶을 앎의 대상으로만 알아왔던 자신이 부끄러워진다. 세상을 앎의 대상으로만 보고서 중요시해오던 것들이 갑자기 우스워진다. 그러니 '위기를 비웃어라!'는 말은 말 그대로 위기를 비웃으라는 뜻이 아니다. 머리로만, 감정으로만 보았던 세상을 마음으로 보라는 이야기이다. 마음으로 세상을 볼 줄 알게 된다는 것, 그것이 진정한 자기 혁신의 길이다. 마음으로 보니 이전에는 보이지 않던 것을 볼 수 있게 된다. 나와 남들과, 세상이, 하나로 어우러져 있음을 알게 된다! 함께 동고동락하고 있음을 알게 된다!

어찌 이보다 더 큰 위안이 있을 수 있겠는가? 그 위안 속에서 내가 위기로만 알고 있던 것이 하찮게 여겨진다! 자기중심적으로 세상을 보아왔던 자신이 정말 하찮

위기를 비웃어라: 어린왕자와 위기극복의 상상력
Epilogue

게 여겨진다! 나를 그렇게 하찮게 보면서 나는 더 크게 세상을 볼 수 있게 된다. 최소한 다른 눈으로 볼 수 있게 된다.

그러니 위기를 맞을수록 그 위기에 더 몰입하지 말고 그 위기를 한껏 비웃어라!

그 위기에 빠져 절망하고 있는 나를 한껏 비웃어라!

당신 안에서 새로운 에너지가 생기는 것을 곧 경험하게 되리니!